MW01598859

Sabine Scheffer

WIR vom Jahrgang 1965

Kindheit und Jugend

Wartberg Verlag

Impressum

Bildnachweis:

Archiv Sabine Scheffer: S. 5 (2), 6 r., 7, 8, 9, 10, 11, 12, 16, 17, 18 r., 19, 21, 22, 29, 30, 31, 33, 35, 41, 42, 44, 48, 49, 51, 52 o., 53 (2), 54, 55, 57, 61, 62, 63; Alberto Korda: S. 15; Fotoarchiv des Städtischen Archivs Göttingen: S. 18 l.; Archiv Kurt Rienäcker, Osnabrück: 25, 32, 47, 52 u.; Bettina Deuter: S. 59; EM-TV & Merchandising AG: 28 l.; Warner Bros.: S. 37. Unbekannte Quelle: S. 5 u., 6 l., 23, 28 r.

Weitere Bilder wurden folgenden Publikationen entnommen:

Böhm, Ekkehard (u.a.): Kulturspiegel des 20. Jahrhunderts – 1900 bis heute. Lizenzausgabe. Stuttgart, Unipart 1987: S. 43, 60; Das Große Album der Karl-May-Filme, Herausgegeben von Michael Petzel, Band Eins, 288 Seiten, 99,90 Euro: S. 24

Wir danken allen Lizenzträgern für die freundliche Abdruckgenehmigung.
In Fällen, in denen es nicht gelang, Rechtsinhaber an Abbildungen zu ermitteln,
bleiben Honoraransprüche gewahrt.

4. Auflage 2008
Alle Rechte vorbehalten, auch die des auszugsweisen
Nachdrucks und der fotomechanischen Wiedergabe.
Gestaltung und Satz: Ravenstein und Partner, Verden
Druck: Hoehl-Druck Medien + Service GmbH, Bad Hersfeld
Buchbinderische Verarbeitung: Buchbinderei Büge, Celle
© Wartberg Verlag GmbH & Co. KG
34281 Gudensberg-Gleichen • Im Wiesental 1
Telefon: 05603/93050 • www.wartberg-verlag.de
ISBN 978-3-8313-1565-9

Liebe 65er!

Wir spielten draußen, im Sommer, Winter, bei Regen, Sonne oder Schnee. Wir spielten im Matsch, an Abwassergräben, auf dem Feld, im Wald, in fremden Gärten und auf der Straße. Uns war selten langweilig, wir waren immer in Bewegung und tobten durch die Jahreszeiten. Es gab viele gleichaltrige Spielkameraden in der nächsten Umgebung, da wir die letzte Generation der Babyboomer waren. Wir waren eine wilde Bande und gleichzeitig furchtbar brav.

Das sind Szenen, die mir einfallen, wenn ich an meine Kinderjahre denke. Es war ungewöhnlich, dass Kinder sich lange in der Wohnung aufhalten. Zwar hatten alle Kinder in der Nachbarschaft viele Langspielplatten mit Märchen und an verregneten Tagen saßen wir zu dritt oder zu viert um den Plattenspieler und hörten Hörspiele. Aber unsere Eltern schickten uns bei Wind und Wetter nach draußen, damit wir abgehärtet würden. Sie hatten keinen Fernseher, nur Radio und Plattenspieler, doch sie lasen uns abends viel vor. Wir liebten „Pippi Langstrumpf" und lebten in Gedanken in der Welt von Astrid Lindgren. Wollten wir fernsehen, besuchten wir die Großeltern und fieberten bei den Abenteuern von „Lassie" oder „Daktari" mit.

Wir waren eine Generation zwischen den Zeiten. Der Geist der 50er Jahre war unseren Eltern näher, als der als bedrohlich empfundene Aufbruch in den 70ern. Wir waren die erste Generation, für die es nicht genug Lehrstellen gab. Wir waren eine Generation, die anfing sich verloren zu fühlen. Deshalb glaubten viele Teenager in dieser Zeit an die Parole der Punker „No Future". Dabei wollten wir unsere Zukunft nicht aufgeben und hielten es für normal auf Demonstrationen mitzulaufen und so an der Demokratie teilzunehmen. Als Jugendliche waren wir nicht unglücklich, fühlten uns aber oft in der Welt nicht wohl und wollten das ändern, indem wir rebellierten.

Sabine Scheffer

Sabine Scheffer

Sorgfältige Hygiene und täglich neue Technikwunder

1. bis 3. Lebensjahr

Penatencreme für den Babypo

Der Geruch nach Penatencreme und Babyöl war vermutlich einer der ersten Eindrücke, den wir 1965 geborenen Kinder wahrnahmen. Ein anderer früher Eindruck war, neben den Gesichtern von Mutter und Verwandtschaft, die Melodie einer aufziehbaren Spieluhr, die das Geschehen auf dem Wickeltisch begleitete. Wir Kleinen wurden mehrfach täglich mit Penaten eingecremt und gepudert. Wir trugen Stoffwindeln, die umständlich gewickelt und nach Gebrauch zeitraubend eingeweicht und gewaschen werden mussten. Uns Babys ließ man, nach den Regeln moderner Babypflege, aufwendige Hygiene angedeihen. Dazu gehörte das tägliche Vollbad in der kleinen Plastikwanne ebenso wie der in kochendem Wasser sterilisierte Plastiksauger der Nuckelflasche.

Ein Fläschchen, das im elektrischen Flaschenwärmer warmgehalten wurde, spendete uns früh Milch. Stillen galt als altmodisch, deshalb stillten viele Mütter ihre Kinder schnell ab. Manche um das Wohlergehen ihres Sprösslings besorgte Mutter stieg sogar von Kuhmilch auf Milchpulver um, das für die Babyernährung angeboten wurde.

Ein Teddy oder Schmusetier von Steiff mit Knopf im Ohr lag mit uns im Bettchen. Unsere Muttis packten uns und manchmal auch den Bär in praktische Frotteestrampelanzüge, die es in allen Größen vom Baby- bis zum Kleinkindalter gab.

4

Chronik

15. März 1965
Die USA beginnen ihren verstärkten Bombenkrieg gegen Nordvietnam. Zum ersten Mal werden bei einem Einsatz gegen ein Waffenlager in Phu Qui Napalm-Brandbomben eingesetzt. Deshalb kommt es in den USA zu den ersten Studenten-Demonstrationen gegen den Vietnam-Krieg.

30. Juni 1965
Die erste Universität im Ruhrgebiet, die Ruhr-Universität Bochum, wird eröffnet. Sie soll den Bürgern der Industrieregion den Weg zur akademischen Bildung erleichtern.

19. September 1965
Ludwig Erhard, CDU, wird zum Bundeskanzler gewählt. Das 2.Kabinett Erhard setzt sich aus CDU, CSU und FDP zusammen.

5. Februar 1966
Bei einer Anti-Vietnam-Demonstration in West-Berlin kommt es zu Ausschreitungen zwischen Polizei und Demonstranten, als eine kleine Gruppe das Amerikahaus mit Eiern bewirft.

30. Juli 1966
Bei der Fußball-WM besiegt Gastgeber England die Deutsche Nationalelf im Endspiel. Das umstrittene Wembley-Tor führte zum Sieg in der Verlängerung.

13. März 1967
Die Aachener Staatsanwaltschaft erhebt nach vierjähriger Ermittlungsarbeit Anklage gegen Angestellte der Firma Chemie Grünenthal GmbH, den Herstellern des Schlafmittels „Contergan". Es hatte nach Einnahme durch Schwangere zu Missbildungen bei vielen Neugeborenen geführt. Der Prozess endete erst am 18. Dezember 1970.

2. Juni 1967
In West-Berlin kommt es bei einer Demonstration gegen den Besuch des Schahs von Persien zu Krawallen. Deshalb gibt der Berliner Polizeipräsident den Befehl „Knüppel frei, räumen". Polizisten schlagen wahllos auf Demonstranten und Schaulustige vor der Deutschen Oper ein. In dem Tumult wird der 26-jährige Student Benno Ohnesorg von einem Polizisten erschossen.

5. Juni 1967
Israel gewinnt den Sechstagekrieg gegen seine arabischen Nachbarn.

3. Dezember 1967
Die erste Herzverpflanzung gelingt dem Chirurgen Christiaan Barnard.

Babys planschen in der Plastikwanne.

Ältere Geschwister hatten die ungeliebte Aufgabe unsere Windeleimer zu schleppen. Manchmal mussten sie den Müttern beim Einweichen der muffigen Stofflappen helfen. Auch sonst gingen sie ihnen bei der Babypflege früh zur Hand. Dafür durften sie uns auf dem neuen Plastikdreirad spazieren fahren oder helfen, die moderne Sportkarre zu schieben, die den Kinderwagen ersetzte.

Penaten-Werbung aus dem Jahr 1961.

„Nimm2": Vitamine für Leckermäulchen

Im Jahr 1965 geboren zu sein bedeutete, dass wir, sobald wir laufen oder krabbeln konnten, zu Oma und Opa eilten, um uns ein oder zwei nimm2-Bonbons schenken zu lassen. Die Süßigkeit mit Multivitaminfüllung schmeckte nach

Zitrone oder Orange, war der letzte Schrei und galt als gesundheitsfördernd. Die Verwandten verwöhnten uns zahlreiche Kinder, die in diesen Jahren auf die Welt gekommen waren, gerne damit. Die Bonbons lagen 1962 zum ersten Mal in den Regalen der Lebensmittelläden und zogen uns Kinder in den 60er und 70er Jahren magisch an. Heute ist nimm2 die größte Bonbonmarke in Deutschland und wird noch immer von Kindern geliebt. Echte Konkurrenz bekamen die gefüllten Süßigkeiten nur durch unglaublich klebrige Karamell- und Schokoladenkaubonbons, die für uns ebenfalls ein Renner waren. Bei Eltern waren Butterkekse beliebt, die sie uns mehrmals täglich in den Kinderwagen reichten, um ihre quengelnden Gören zu

beruhigen. Ältere Kinder bekamen mit Schokolade gefüllte Doppelkekse aus der Prinzenrolle. Schokobraun verschmierte Kleinkindmünder gehörten daher zum Alltag, und keine Oma oder Mutter wird je die klebrigen Schokoladenküsschen vergessen, die wir ihnen als Dankeschön auf die Wangen schmatzten.

Der „Babyboom"

In den Nachkriegsjahren 1946 bis 1964 gibt es in Deutschland den so genannten „Babyboom". 1964 werden so viele Babys geboren, wie nie zuvor seit dem Zweiten Weltkrieg und seitdem nicht wieder. 1965 nimmt ihre Zahl nur leicht ab, der „Pillenknick" ist Zukunftsmusik. 1961 bringt die Berliner Schering AG die erste Pille zur Empfängnisverhütung in Deutschland auf den Markt, die im Nachkriegsdeutschland jedoch umstritten ist. Sie passt nicht zu den herrschenden Moralvorstellungen und wird daher zunächst nur als Behebung von Menstruationsstörungen verheirateter Frauen verschrieben. Erst nachdem die Pille Mitte der 60er Jahre einen großen Marktanteil erreicht, setzt der „Pillenknick" ein und die Geburtenrate geht zurück.

Das geliebte allabendliche Ritual:
Pixie-Büchlein und Gute-Nacht-Kuss.

Das Pixie-Buch
beim Einschlafritual

Als wir etwa zwei Jahre alt waren, gehörte zu unserem Einschlafritual, neben dem Glas warmer Milch mit Honig und dem von der Mutter gesungenen Lied, die vom Vater vorgelesenen Geschichten aus dem Pixie-Buch. Dieses Bilderbuch, ein Heftchen mit 24 Seiten, zehn mal zehn Zentimeter klein, feierte am 28. April 2004 seinen 50. Geburtstag. Wir Kinder liebten es, in dem Büchlein zu blättern, das genau die richtige Größe für kleine Hände hatte. Viele bunte Bilder erschlossen uns die Geschichten, die wir bald auswendig konnten und doch immer wieder hören wollten. Heute gilt die Serie als erfolgreichste Bilderbuch-Reihe aller Zeiten. Zum Stammpersonal zählte damals Petzi der Bär, der mit seinen Freunden Pinguin Pingo und Pelikan Pelle insgesamt 70 Abenteuer erlebte. Das erste Pixi-Buch hieß „Miezekatzen", kostete 50 Pfennig und handelte von Katzenmutter, Katzenkind und dem Daumenlutschen. Es war eine Geschichte, in der wir uns wiederfinden konnten, weil viele von uns ebenfalls Daumen lutschten. Später bevölkerten auch Ferkelchen, Lämmchen und andere Tiere die Geschichten. Neben Tieren waren Kinder Akteure der Geschehnisse. Wir bekamen viele Anregungen zum Spielen und Basteln. Da verkleideten sich Kinder etwa mit Sachen, die sie in einer alten Kiste auf dem Dachboden gefunden hatten, spielten Zirkus oder veranstalteten Fahrradrennen. Alles versuchten wir nachzumachen – als wir endlich groß genug dafür waren. Die Geschichten der Büchlein spielten in einer betont biederen Welt und spiegelten genau den Zeitgeist der fünfziger und sechziger Jahre wider – aber das wussten wir damals natürlich nicht.

Strohsterne basteln ist spannend.

Kreatives Freizeitvergnügen

Den Muttis nahmen in den 60er Jahren Küchenmaschine und Waschvollautomat, Kühlschrank, Gefriertruhe und elektrischer Staubsauger viel Arbeit ab. Die gewonnene Zeit verbrachten sie mit uns Kindern. Nach Feierabend und am Wochenende bastelten, spielten, sangen oder musizierten wir gemeinsam. Blockflöte, Gitarre und Mundharmonika gehörten zum Haushalt. Auf der Mundharmonika übten wir schon fleißig, als wir noch sehr klein waren, und das musikalische Ergebnis zerrüttete auf Dauer die Nerven unserer Eltern. Wir bastelten mit Buntpapier, Transparent- und Goldpapier, mit Stroh, Streichhölzern und Leim. Aus alten Zeitungen machten wir Spielsachen, nähten sie zusammen, falteten Hüte oder Schiffchen. Bunte Knetmasse liebten wir besonders. Es gab sie in vielen Farben und wir rollten Würstchen oder Kugeln, formten

Brote und Obst. Vermischten wir aber die Farben zu eifrig, hielten wir bald eine unschöne graue Masse in Händen und Tränen flossen.

Das Fernsehgerät hatte unsere freie Zeit noch nicht erobert und blieb meistens abgeschaltet. Unsere Eltern sahen damit zwar täglich die Nachrichten, aber meistens lasen sie Zeitungen, Zeitschriften und Bücher.

Wir liebten es, wenn wir uns zum Vater oder Großvater auf das Sofa kuscheln durften und sie uns dicke Kinderbücher vorlasen. Besonders begeistert waren wir von den Büchern der schwedischen Autorin Astrid Lindgren oder denen von Erich Kästner. Lindgrens Pippi Langstrumpf und Michel aus Lönneberga gehörten wie Kästners Pünktchen und Anton oder Emil und die Detektive zu unserem Alltag, lange bevor sie Fernsehhelden wurden.

Zwei Kinder in der großen Wanne: „Schiff ahoi" – wir spielen Kapitän.

Das Badefest am Samstagabend

Samstagabend war für uns Badetag. Mutti heizte den Badeofen kräftig an und ließ warmes Wasser in die große Wanne ein. Diese stand im Badezimmer auf vier Füßen und war so hoch, dass wir nicht alleine hineinklettern konnten. Deshalb wurde ein Kind nach dem anderen in die Wanne gehoben, bis wir zu dritt oder zu viert darin saßen. Niemand wollte alleine baden, weil uns das langweilte. Wir hatten Plastikbecher, Sandkastenförmchen und Schiffchen zum Spielen im Wasser und spritzten uns gegenseitig nass. Die Haare gewaschen zu bekommen und anschließend gefönt zu werden, gehörte mit zum Baderitual. Viele Häuser wurden schon mit einer Zentralheizung beheizt, die zum Badetag ordentlich aufgedreht wurde. Sie heizte das Badezimmer so sehr, dass wir froren, wenn wir aus der warmen Wanne in das kühle Kinderzimmer kamen. Aber wir hatten dicke Federdecken in unseren Betten, unter die wir krochen, und spätestens beim gemeinsamen Abendgebet war uns wieder warm.

Im Sommer stellten unsere Mütter Plastikwannen mit kaltem Wasser in die Sonne, für jedes Kind eine, und wir hatten großen Spaß daran, auch außerhalb des Badetages, in den Wannen zu planschen.

Weltberümt durch Harry Potter – Joanne K. Rowling

Joanne K. Rowling, schottische Schriftstellerin, wird am 31. Juli 1965 in Yate bei Chipping Sodbury, Gloucestershire, geboren. Ihre Harry-Potter-Reihe macht sie weltberühmt und zu einer der reichsten Frauen Großbritanniens, vor Königin Elisabeth II. Während einer Zugfahrt von Manchester nach London erfindet sie 1990 die Romanfigur Harry Potter, einen Zauberschüler. Von Anfang ist eine siebenbändige Buchreihe über einen jugendlichen Magier geplant, der Schüler in einem Internat für Hexen und Zauberer ist. Rowlings Bücher sind außerordentlich erfolgreich und belegen wochenlang die ersten Plätze der Bestenlisten. Bis Mitte des Jahres 2003 werden fast 200 Millionen Exemplare in mehr als 50 Sprachen verkauft.

Unsere Beute am Klobesabend:
Kekse, Schokolade, Bonbons.

Bergeweise Schnuckezeug am Nikolausabend

Jedes Jahr am 6.Dezember zogen wir, wenn es dunkel wurde, in kleinen Gruppen los, begleitet von unseren Müttern und den kleinen Geschwistern im Kinderwagen. Sobald wir laufen konnten, waren wir dabei. Ende der 60er Jahre waren zwischen sechs und acht Uhr am „Klobesabend" alle Kinder des Dorfes auf der Straße. Wir liefen mit Kitteln unserer Omas, bemalten Gesichtern und Mutters Pullover verkleidet, von Tür zu Tür. Als wir älter wurden, hatten wir Plastikmasken mit dem Gesicht eines Clowns oder Teufels auf. Jedes Kind hatte eine Plastiktüte dabei, dicke Wollhandschuhe an den Händen und dicke Socken an den Füßen. Wir klingelten an allen Türen der Nachbarschaft, und wenn jemand aufmachte, sagten wir einen Vers auf. Die Erwachsenen kamen an einem solchen Abend kaum zur Ruhe, weil es laufend an ihrer Haustür Sturm läutete. Noch gab es viele Kinder im Dorf und jeder von uns war wild auf Süßigkeiten. Wer artig aufsagen konnte: „Ich

bin die kleine Erika und komme aus Amerika", oder: „Ich bin der kleine Dicke und wünsche euch viel Glücke", bekam selbst gebackene Kekse, Äpfel, Mandarinen oder Nüsse geschenkt. Besonders begehrt waren kleine Schokoladenweihnachtsmänner, die die Leute für 20 Pfennig im Dorfladen gekauft hatten. Wenn es die Nachbarn gut mit uns meinten oder es besonders viele Äpfel gab, mussten wir nach einer Stunde nach Hause gehen und eine neue Tüte holen, weil die erste voll war und zu schwer wurde. Unterwegs wachten wir eifersüchtig darüber, wer besonders viele gekaufte Kekse oder Schokoladenweihnachtsmänner einheimsen konnte. Nüsse mochten wir nicht und schwere Äpfel fanden wir ärgerlich. Je älter ein Kind wurde, desto weniger Süßigkeiten bekam es aber am Nikolausabend geschenkt. Die Jüngsten in ihren Kinderwagen, oder die, die gerade laufen konnten, bekamen die meisten Gaben.

Wäre der Hörer nicht so schwer, wir würden jeden Tag telefonieren spielen.

Wir glaubten, täglich werde etwas Neues erfunden

Wir Sprösslinge des Jahrganges 1965 erlebten unsere Kleinkindzeit in der hoffnungsvollen Stimmung des wirtschaftlichen Aufschwunges.

Unsere Eltern sahen der Zukunft zuversichtlich entgegen, was sich auf uns übertrug. Sie glaubten an den Fortschritt, und durch die Entwicklung neuer Technologien tat sich eine Welt neuer Möglichkeiten auf. Wir Kinder glaubten, täglich werde etwas Neues erfunden, weil unsere Eltern sich mit vielerlei modernen Elektrogeräten ausrüsteten. Bald dudelte ein neues Kofferradio in der Küche, dann hörten wir unsere Kinderstimmen zum ersten Mal auf einem Tonband, schließlich kaufte der Vater einen modernen Plattenspieler und schloss ihn umständlich an ein altes Radio an. Das Radio durften wir schon an- und ausstellen und machten ordentlich Lärm damit. Wir waren die erste Generation, die jedes wichtige Ereignis vor dem Fernseher verfolgte und für die es ein Sandmännchen auf dem Bildschirm gab. Schnell gehörte Musik von Tonbandgerät und Plattenspieler zum Alltag und das Kofferradio begleitete unsere Eltern bis in den Garten.

Schon bald, noch bevor wir drei Jahre alt wurden, übten wir eifrig telefonieren. Das Telefon war ein schwarzer Plastikklotz mit schwerem großem Hörer, aus dem es laut tutete. Wir mussten auf Vaters Schreibtisch klettern, um an den Apparat zu kommen, denn das war der einzige Platz im Haus, an dem es ein Telefon gab.

Beim Spielen mussten wir aufpassen, dass wir das Kabel nicht aus der Wand rissen und damit die Leitung lahm legten. Wir riefen solange „Hallo" in den Hörer, bis uns dieser zu schwer wurde, uns deshalb die Arme weh taten und wir ihn auf die große Gabel zurücklegen mussten.

Laternenumzug an Sankt Martin

Für uns Dreikäsehochs war der Martinstag ein weiterer Höhepunkt in den dunklen Herbst- und Wintertagen der 60er Jahre. Zu Sankt Martin organisierten unsere Mütter, Tanten und Omas einen großen Laternenzug. Dafür bastelten sie mit uns Papierlaternen, die wir beim Umzug stolz vorführten. Meistens liefen wir Kinder im Zug wild durcheinander und keineswegs in den gewünschten Zweierreihen, aber auf seine Laterne gab jeder von uns besonders acht. Die meisten von uns hatten selbst gebastelte, die mit einer echten Kerze bestückt wurden. Das war gefährlich, weil die Lampions in Flammen aufgehen konnten und wir uns dann Haare und Augenbrauen versengten. Wer noch ganz klein war, nicht einmal drei Jahre alt, bekam eine gekaufte Laterne, die von der Mutter gehalten oder an den Kinderwagen gebunden wurde. Während hier meistens Sonne, Mond und Sterne leuchteten, waren wir älteren Kinder kreativ. Wir umwickelten Luftballons mit Transparentpapierstückchen, die wir vorher in Leim getaucht hatten. Das ergab bunte Farbeffekte und jeder hatte eine individuelle Leuchte. Der Kleister verklebte beim Basteln den Küchentisch, unsere Hände und manchmal auch Haare, aber das war uns egal. Die entstandene Papierkugel musste einen Tag trocknen, dann kam der große Augenblick: der Luftballon wurde zerstochen. Wenn die Luft entwichen war, hielten wir eine feste kugelige Laterne in den Händen. Unten wurde eine Käseschachtel aus Pappe hineingeklebt und darauf kam die Kerze. Das entstandene Papierkunstwerk war zwar fest, aber doch so empfindlich, dass wir vorsichtig damit umgehen mussten. Wenn die Jungen zu wild waren, bekam das transpa-

Jeder war stolz auf seine Laterne mit brennender Kerze.

rente Gebilde Risse und fiel schließlich in sich zusammen. Diese Katastrophe führte zu Tränen oder Wutausbrüchen bei den betroffenen Raubeinen. Wenn sie versprachen, im nächsten Jahr vorsichtig zu sein und nie wieder eine Laterne kaputtzumachen, durften sie zum Trost eine Mädchenlaterne ein paar Schritte weit tragen. Alle Lampions waren verschieden. Deshalb wetteiferten einige Kinder, wer den schönsten hatte und stritten jedes Jahr deswegen.

Mehrmals hielt unser Zug auf seinem Weg durch die Dunkelheit an und wir sangen begeistert Laternenlieder. Wir sangen laut, damit uns die Leute in den umliegenden Häusern hörten und waren stolz, wenn wir uns den Text von „Laterne, Laterne" und anderen Martinsliedern gemerkt hatten. Oft wussten wir beim Singen nicht weiter, vergaßen die Texte, hörten mitten im Lied auf, andere Kinder sangen falsch oder Blödsinn und schon flossen wieder Tränen. Meistens brachten nur Mütter, Omas und Tanten, die uns begleiteten, die Texte zu Ende. Waren Schulkinder dabei, Große aus der ersten Klasse, konnten diese die Lieder auch ganz singen und wurden von uns Kleinen dafür bewundert. So spannend der Martinsumzug für uns war, so anstrengend war er für unsere Mütter. Sie mussten Tränen trocknen, brennende Laternen löschen, verloren gegangene Kinder einsammeln, bummelnde und träumende zur Eile antreiben, Streit schlichten und die Liedertexte vorsagen. Unsere Mütter hatten deshalb untereinander nur ein Gesprächsthema: Hoffentlich gibt es bald einen Kindergarten, der den Umzug macht.

Prominente Fünfundsechziger

1. Feb.	**Adam Benzwi** (Pianist und Musiker)
5. März	**Nadja Abd el Farrag** (deutsche Sängerin und Moderatorin)
25. März	**Stefka Kostadinova** (bulgarische Leichtathletin)
31. März	**Oliver Rohrbeck** (Synchron- und Hörspielsprecher)
16. April	**Martin Lawrence** (US-amerikanischer Schauspieler)
31. Mai	**Brooke Shields** (US-amerikanische Schauspielerin)
1. Juni	**Yang Liwei** (chinesischer Astronaut)
10. Juni	**Elizabeth Hurley** (britische Schauspielerin)
23. Juni	**Manuel Andrack** (deutscher TV-„Star")
11. Juli	**Andreas Fröhlich** (Synchron- und Hörspielsprecher)
31. Juli	**Joanne K. Rowling** (britische Schriftstellerin)
24. Aug.	**Pavel Telicka** (tschechischer Politiker und EU-Kommissar)
28. Aug.	**Shania Twain** (kanadische Musikerin)
21. Sept.	**Frédéric Beigbeder** (französischer Schriftsteller)
29. Sept.	**Oliver Däumler** (deutscher Rollhockeyspieler)
5. Nov.	**Famke Janssen** (niederländische Schauspielerin und Model)
21. Nov.	**Björk Guòmundsdóttir** (isländische Musikerin)
3. Dez.	**Katarina Witt** (deutsche Eiskunstläuferin)
21. Dez.	**Anke Engelke** (deutsche Moderatorin und Komödiantin)
31. Dez.	**Nicholas Sparks** (US-amerikanischer Autor)

Um uns herum brodelt die Gesellschaft

4. bis 6. Lebensjahr

1968 – ein Jahr politischer Unruhen

1968, in dem Jahr, als wir beinahe vier Jahre alt waren, überschlugen sich in Deutschland die Ereignisse. Unsere Eltern und Großeltern regten sich immer öfter über politische Auseinandersetzungen im In- und Ausland auf. Plötzlich waren Terroristen aufgetaucht und hielten das Land in Atem. Während wir uns im Garten über die warme Frühlingssonne freuten und erste Kreidebilder auf die Gartenwege zeichneten, unterhielten sich unsere Eltern über Ereignisse, deren Ursache sie nicht begriffen. So hatten etwa am 2. April vier radikalisierte Anhänger der APO zwei Frankfurter Kaufhäuser in Brand gesetzt, um damit gegen politische und gesellschaftliche Verhältnisse der Bundesrepublik Deutschland zu protestieren. Es dauerte zwei Tage, dann wurden die Brandstifter gefasst. Zu ihnen gehörten Andreas Baader und Gudrun Ensslin, die später als gewalttätige Terroristen zu trauriger Brühmtheiten gelangten. Am 31. Oktober wurden die Umstürzler zu drei Jahren Haft verurteilt.

Auch die Studentenbewegung gehörte zum bundesdeutschen politischen Alltag.

Chronik

4. April 1968

Der schwarze Bürgerrechtler und Friedensnobelpreisträger von 1964, Martin Luther King (1929 bis 1968), wird in Memphis/USA von einem weißen Attentäter erschossen. Sein gewaltsamer Tod löst in vielen Städten der USA Unruhen und Krawalle aus.

11. April 1968

Rudi Dutschke, Vorstandsmitglied des Sozialistischen Studentenbundes (SDS), wird in West-Berlin von einem 23-jährigen Arbeiter niedergeschossen und schwer verletzt.

30. Mai 1968

Der Bundestag beschließt eine Ergänzung des Grundgesetzes durch die Notstandsverfassung. Sie genehmigt unter anderem den Einsatz der Bundeswehr bei inneren Unruhen.

9. Mai 1969

Der Bundestag verabschiedet rechtliche Neuerungen, die als erster Schritt zu einer großen Strafrechtsreform gesehen werden. Ab 1.September werden Ehebruch und Homosexualität straffrei.

13. Mai 1969

Der Bundestag verabschiedet das Arbeitsförderungsgesetz (AFG), das finanzielle Arbeitslosenunterstützung und vorbeugende Maßnahmen, wie Beratung, Vermittlung, Umschulung und Fortbildung zur Verhinderung von Arbeitslosigkeit vorsieht.

21. Oktober 1969

Willy Brandt wird Bundeskanzler, Walter Scheel Vizekanzler. Die neue Regierung besteht aus einer sozial-liberalen Koalition.

26. März 1970

In West-Berlin beginnen zwischen den Botschaftern der drei Westmächte in der Bundesrepublik und dem sowjetischen Botschafter in der DDR die Viermächte-Verhandlungen über Berlin.

14. Mai 1970

Andreas Baader, der im Oktober 1968 wegen Kaufhaus-Brandstiftung verurteilt wurde, wird unter Mithilfe von Ulrike Meinhof befreit. Dabei wird ein Justizbeamter lebensgefährlich verletzt. Die Gewalttat gilt als Geburtsstunde der terroristischen Bewegung Rote Armee Fraktion (RAF).

Die Hochschüler in West-Berlin protestierten etwa am 18. Februar gegen die US-Beteiligung am Vietnam-Krieg. In Studentenkreisen traf man sich zu nächtlichen Grundsatzdiskussionen in der Wohngemeinschaft und redete sich die Köpfe heiß über den revolutionären Kampf, der bald zu führen sei. Helden dieser Jahre waren Rosa Luxemburg, Mao Tse-tung und Che Guevara. Poster mit ihrem Konterfei zierten die WG-Zimmer und man war stolz darauf, ihren Lebenslauf auswendig herunterbeten zu können. Diese Vorkämpfer eines revolutionären Kampfes bekamen nur durch die Sozialwissenschaftler der Frankfurter Schule, Herbert Marcuse, Theodor W. Adorno und Max Horkheimer Konkurrenz. Die berühmten Denker hatten mit ihrer Kritik an der kapitalistischen Überflussgesellschaft großen Einfluss und zählten zu den geistigen Vätern der Studentenbewegung.

*Beinahe jeder versuchte sich
als Liedermacher und Protestsänger.*

Revolutionäre Faulenzer
waren die anderen

Für ein fünfjähriges Kind und seine boden-
ständigen Eltern bedeutete der Besuch der
ausgeflippten Verwandtschaft in den Jahren
um 1970 einen Angriff auf die heile Welt. Die
Eltern schimpften auf den Onkel, Lehramts-
student, der sich die Haare lang wachsen ließ
und in einer „Kommune" genannten Wohngemeinschaft wohnte. Er galt als revolutionär und somit als Versager, weil er für ökologisch wertvolles Gemüse kämpfte, sich mit
seiner WG täglich in der gemeinsamen Küche
zum Tee trinken traf und politische Reden
hielt. Seine sanfte Freundin hielt man für auf-
müpfig, weil sie Lieder von Joan Baez hörte
und ihm Schafwollpullover strickte. Sie waren
nicht verheiratet und lebten dennoch zusammen. Das war beinahe zu viel Rebellion für
ihre gutbürgerliche Umwelt. Auch die Tante
war revolutionär, weil sie sich von ihrem
Mann scheiden ließ, ihre Tochter alleine groß-
zog und einen klapprigen VW-Käfer fuhr. Sie
lebte in einer modernen Trabantensiedlung
der Großstadt und musste für Tochter und

Lebensunterhalt hart arbeiten. Als umstürz-
lerisch galt der Onkel, weil er als Student in
Köln einen Aufstand gegen die Fahrpreiser-
höhung der Verkehrsbetriebe anzettelte und
nach Amerika auswanderte, als die Unruhen
sich unkontrolliert ausweiteten. In dieser Zeit
kannte fast jedes Kind irgend jemand, der
„aufsässig" lebte. So etwa Nachbarn, drei
Häuser weiter, die in einer Wohngemeinschaft lebten, ein Sakrileg in dem kleinen
Dorf und mit denen wir Kinder deshalb nichts
zu tun haben durften. Da war etwa der Onkel
der besten Freundin, der Beatplatten hörte,
die Beatles und die Rolling Stones vergötter-
te und uns verbot in seinem Plattenschrank
zu stöbern. Da waren schließlich die großen
Jungen, vor denen wir Kleinen Angst hatten,
weil sie sich mit ihren Mofas am Bushäuschen
trafen, laut waren, aufschnitten und Bier
tranken. Nur im Kindergarten waren wir noch
vor Revolutionären sicher, dort bastelte eine
pensionierte Dame Bastuntersetzer mit uns
und ließ uns nie unbeaufsichtigt.

Der kleine Luxus im Alltag

Für uns Knirpse waren andere Dinge als das politische Geschehen wichtig. Am 8. Januar 1968 bot das Versandhaus Quelle erstmals und als Erstes ein umfangreiches Angebot an Tiefkühlkost an. Unsere Muttis ließen sich die Waren mit Kühlwagen frei Haus liefern. Das Angebot wurde gern genutzt, da es schneller ging, die moderne Kost für uns zuzubereiten, als umständlich selber zu kochen. Für uns bedeutete das endlich immer die geliebten Fischstäbchen aus der Tiefkühltruhe und Pommes Frites aus dem Gefrierbeutel essen zu dürfen, das war Luxus. Es war die Zeit, in der Fertiggerichte ihren Siegeszug durch westdeutsche Küchen antraten. Dieser war nicht aufzuhalten. Oft kam es deshalb zum Streit zwischen Großmüttern, die für frische, handgemachte Hausmannskost eintraten und Müttern, die Fertigkost vorzogen. Die älteren Hausfrauen waren überzeugt, ihre Enkel könnten mit Fertignahrung nicht gedeihen, würden davon kränklich, blass und müde, während die jungen Muttis mit der Zeit gehen wollten und das moderne arbeitsparende Essen vergötterten. Mutter und Großmutter waren sich selten einig, nur in ihrer Liebe zu Jacobs Kaffee, dem Bohnenkaffee, den es nur an Festtagen gab, stimmten sie überein.

Eine kleine Sensation, die etwas Luxus und Farbe in unseren Alltag brachte, hatte sich bereits am 25. August 1967 ereignet. Auf der 25. Funkausstellung in Westberlin hatte Außenminister Willy Brandt mit einem Knopfdruck den Startschuss für Farbfernsehen gegeben. Seitdem wetteiferten Nachbarn und Verwandte darum, wer als Erstes einen Farbfernseher kaufen konnte. Für uns Kinder war Fernsehen noch ein seltenes Vergnügen, das uns unsere Eltern fast nie erlaubten. Noch waren wir zu klein dafür, fanden sie, und die kostbare Zeit, die auch Erwachsene nur selten vor dem Gerät verbrachten, gehörte den Nachrichten.

Studentenbewegung in den USA

Aus Protest gegen den Vietnamkrieg entwickelt sich 1964 die Studentenbewegung in den USA. Die amerikanischen Studenten engagieren sich in der Bürgerrechtsbewegung und setzen sich für die Interessen der schwarzen Bevölkerungsschicht ein. In Deutschland ist Berlin lange Hochburg „aufmüpfiger" Studenten. In Westdeutschland versteht man es schon als Angriff auf die bürgerliche Wohlanständigkeit, wenn junge Männer lange Haare tragen. Den Zottelköpfen sagt man nach, sie seien Gammler, ungepflegte Faulenzer, nähmen Drogen und verlören sich in sexuellen Ausschweifungen. Vielfach wird geschimpft, sie sollen endlich arbeiten gehen, dann würde ihnen das Demonstrieren schon ausgetrieben. Die Bewegung selbst versteht sich als Teil der außerparlamentarischen Opposition (APO) zur 1966 gebildeten großen Koalition aus CDU/CSU und SPD. So protestieren sie etwa gegen die geplanten Notstandsgesetze und die Billigung des Vietnamkrieges.

Wir fanden immer Platz zum Spielen.

Vorstädte, Trabantenstädte und öde Innenstädte

Unsere Umwelt veränderte sich während der 60er Jahre rasant. Während man in den Dörfern darum rang, dass jede Straße Teerdecke und Bürgersteig bekam, dass Kanalisation verlegt wurde und stinkende Hausklärgruben verschwanden, verwandelten sich die Städte im Eiltempo. In den Dörfern hatten wir viel Platz zum Spielen auf der Straße, fuhren Rad und Rollschuh, spielten Ball, Fangen und Verstecken. Wir waren bei Wind und Wetter draußen, tobten durch Höfe und Gärten oder begleiteten unsere Eltern bei der Arbeit auf dem Feld. Auf dem Land war es noch üblich, dass Kinder ihren Eltern bei der Arbeit halfen und so gingen wir den Erwachsenen zur Hand, sobald wir alt und vor allem groß genug dazu waren. Wir spielten auf Wiesen und Feldern, während unsere Eltern von morgens bis zum Einbruch der Dunkelheit Rüben hackten, streichelten Kühe, die viel größer waren als wir, und badeten im kalten Bach.

Studentenunruhen in Deutschland

Die Studentenrevolte ist in den 60er Jahren ein internationales Phänomen. Der amerikanische Einsatz in Vietnam und die westliche Unterstützung autoritärer Regime in der Dritten Welt rufen überall Protest hervor. Der gewaltsame Tod des Studenten Benno Ohnesorg (1941–1967) am 2. Juni 1967 während der Demonstration gegen den Schahbesuch löst in vielen westdeutschen Städten Unruhen aus. Die Folge sind Brandanschläge auf den Springer-Verlag, dem antistudentische und antikommunistische Hetze vorgeworfen wird, und auf Kaufhäuser als Symbole des verhassten kapitalistischen Systems. Auch das Attentat auf den Studentenführer Rudi Dutschke im April 1968 führt zu schweren Gewalttaten. Kurz danach erreicht die Protestwelle mit der Demonstration gegen die Notstandsgesetze ihren Höhepunkt.

Allzeit richtig gekleidet: Die Lederhose.

In den Städten beherrschten zunehmend Kaufhäuser, Banken und Behörden die Innenstädte. Wohnen und Freizeitaktivitäten verlagerten sich in die Randbereiche. Die Leute zogen in die Vorstadt, der Autoverkehr nahm zu. Breite Autoschneisen durchzogen die Stadtkerne und die Zentren begannen zu veröden. Die neuen Trabantenstädte am Stadtrand wurden häufig zu Betonburgen, und deren Bewohner begannen über Anonymität und soziale Kälte zu klagen. Wohnhäuser wuchsen immer höher in den Himmel, Hochhäuser waren schick und galten als urban und modern. Hier wohnte die Bevölkerungszahl einer Kleinstadt auf engem Raum zusammen und die Menschen kannten sich oft nicht persönlich. Kinder fanden schnell Kontakt zu anderen Kindern, aber Erwachsene begannen unter den Wohnverhältnissen zu leiden. Weil so viele Menschen aus den alten Innenstädten in die Vororte und Wohnviertel zogen, kannten wir nicht mal unsere Nachbarn mit Namen und man verlernte, sich auf der Straße zu grüßen. Nun begannen Sozialwissenschaftler eine bessere Verbindung der Lebensbereiche Wohnen, Arbeiten und Freizeit zu fordern und eine Belebung der öden Innenstädte zu verlangen. Deshalb begannen Architekten alternative Stadtmodelle zu entwickeln, um den Menschen wieder ein Gefühl von Heimat zu geben. Neue Gesetze schafften Voraussetzungen für eine neue Städtebaupolitik.

Schon 1965 hatte der Bund begonnen mit dem Raumordnungsgesetz auf unterschiedliche Siedlungsstrukturen in Ballungs- und ländlichen Räumen und auf wachsende Umweltprobleme zu reagieren. Im gesamten Bundesgebiet sollten nun ausgewogene wirtschaftliche, soziale und kulturelle Lebensverhältnisse sowie gesunde Lebens- und Arbeitsbedingungen geschaffen werden. Parallel dazu wuchs die Kritik am Städtebau der Nachkriegszeit. Der Psychoanalytiker Alexander Mitscherlich brachte die Kritik in seinem vielbeachteten Buch „Die Unwirtlichkeit der Städte" auf den Punkt und kritisierte darüber hinaus die Zerstörung gewachsener Strukturen.

Der Warschauer Vertrag

Bundeskanzler Brandt, der polnische Ministerpräsident Jozef Cyrankiewicz und beider Außenminister unterzeichnen den Warschauer Vertrag. Dieser begründet die Normalisierung der Beziehungen zwischen der Bundesrepublik und Polen. Gleichzeitig wird die Oder-Neiße-Linie anerkannt. Vor Vertragsunterzeichnung legt Brandt an den Denkmalen des Unbekannten Soldaten und für die Opfer des Warschauer Ghettos Kränze nieder. Das Bild von seinem Kniefall am Ghetto-Denkmal geht in die Geschichte ein.

'68: Zwischen gestern und morgen

Während sich das halbe Land über den unerhörten Sexualaufklärungsfilm „Das Wunder der Liebe" von Oswald Kolle aufregte, der gerade Premiere hatte und die Vorstellungswelt unserer Eltern durcheinander wirbelte, lernten wir in Socken auf mit Bohnerwachs glänzend polierten Linoleumböden zu schlittern, ohne hinzufallen. Während das Land unter Schock stand, weil am 5. Juni der US-Senator Robert F. Kennedy (1925–1968), jüngerer Bruder des früheren Präsidenten John F. Kennedy, durch Schüsse tödlich verletzt wurde, lernten wir, dass zu einem Sonntagnachmittag der Geruch von Kölnisch Wasser gehörte, das die Damen der Verwandtschaft reichlich versprühten. Als am 4. April in Memphis/USA der schwarze Bürgerrechtler und Friedensnobelpreisträger Martin Luther King (1929–1968), von einem weißen Attentäter erschossen wurde, spielten wir zum ersten Mal mit unseren Freunden Kaufmannsladen und verkauften Ostereier, Rosinen und Mehl. Während die Nachricht von Kings Tod in vielen Städten der USA Unruhen und Krawalle auslöste, wussten wir nicht einmal was es bedeutet, schwarze Haut zu haben. Der einzige Schwarze, den wir bisher gesehen hatten, war einer der drei Heiligen Könige aus der Weihnachtsgeschichte gewesen, die unsere Väter vorlasen und die wir als Krippenspiele in der Kirche sahen. Frei nach dem Evangelium des Matthäus wurde jedes Jahr Weihnachten ein Kind mit Schuhcreme schwarz angemalt, um als König im Krippenspiel aufzutreten. Während am 15. Januar deutsche Kreditinstitute erstmals Scheckkarten für den deutschen Zahlungsraum ausgaben, funktionierte unser Kaufmannsladen noch mit Hosenknöpfen in verschiedenen Größen. Während wir uns stritten, welcher Hosenknopf am meisten wert sei und für welchen man die meisten Rosinen bekam, wurde am 11. April Rudi Dutschke, Vorstandsmitglied des Sozialistischen Studentenbundes (SDS), in West-Berlin von einem 23-jährigen Arbeiter niedergeschossen und schwer verletzt. Der Anschlag auf Dutschke führte in vielen Teilen der Bundesrepublik zu Demonstrationen und teilweise blutigen Auseinandersetzungen mit der Polizei. Am 12. April, wir waren immer noch mit unserem Kaufmannsladen beschäftigt, kam es bei den Protestaktionen gegen das Verlagshaus Axel Springer zu schweren Ausschreitungen. Einen Tag später, wir hatten inzwischen das Angebot in unserem Laden um wertvolle Schokoladenostereier erweitert, hielt Bundeskanzler Kiesinger wegen der Osterunruhen, die auf das Attentat auf Dutschke folgten, eine Rundfunk- und Fernsehansprache. Noch einen Tag später, wir hatten die Schoko-Eier aufgegessen und uns deswegen wieder gegenseitig verhauen, hielt Bundesjustizminister Gustav Heinemann eine selbstkritische Rundfunk- und Fernsehansprache.

Als für uns im Mai die Zeit der kurzen Hosen und aufgeschlagenen Knie begann und es draußen langsam wärmer wurde, unternahmen rund 30 000 Gegner der Notstandsgesetzgebung einen Sternmarsch nach Bonn. Am 13. Mai schließlich begannen in Paris die ersten offiziellen Gespräche zwischen den USA und Nordvietnam zur Beendigung des Vietnam-Krieges und wir schleckten unterdessen das erste Wassereis des kommenden Sommers.

Das Fernsehen fesselte uns nur mäßig.

Der Mann auf dem Mond

Irgendetwas Außergewöhnliches stand unmittelbar bevor, das wurde mir schnell klar, klein wie ich war. Ich verstand die aufgewühlte Stimmung meines Vaters nicht, als er mich und meinen kleinen Bruder eigenhändig vor das Fernsehgerät setzte. Das war ungewöhnlich, wir durften nur selten fernsehen. Aber auf dem Bildschirm waren nur langweilige Erwachsene zu sehen und eigentlich wollte ich lieber aufstehen und spielen. Aber mein Vater befahl uns sitzen zu bleiben und aufzupassen. Das Schwarz-Weiß-Gerät flimmerte und wir hatten Mühe still zu sitzen, während Mama, Papa, Oma, Opa und die Großtante wie gebannt auf die Mattscheibe starrten.

Eine Person an einem Tisch redete, dann wurde das Bild dunkel und unscharf. Es rauschte und knackte aus dem Lautsprecher. Im Fernsehen herrschte Dämmerlicht. Nur die Aufgeregtheit der Erwachsenen brachte meinen Bruder und mich dazu, überhaupt noch hinzusehen. Es war langweilig, wir sahen etwas Graues und ein komisches Ding. Ich quengelte und wollte von meinem Vater wissen, was das ist. Das sei der Mond, den wir abends immer hoch am Himmel sähen und darauf sei eine Rakete

und gleich würde ein Mann aussteigen und herumlaufen und das wäre noch nie passiert, erklärte mein Vater. Er war genervt, da ich mit meinen Fragen nicht locker ließ. Ich verstand nicht, warum das toll sein soll, dass ein Mann auf dem hässlichen grauen Mond rumläuft und quengelte weiter. Als der Mann ausstieg, hatte er einen dicken Anzug an und einen Helm auf. Mein Vater erklärte, dass es auf dem Mond, der so weit weg ist, keine Schwerkraft gäbe und das hieße, der Mann müsse eigentlich herunterfallen, deshalb habe er einen schweren Anzug an und schwere Schuhe voll mit Blei. Er sagte weiter, auf dem Mond gäbe es keine Luft und der Mann müsse ersticken, weil er nicht atmen kann und darum habe er Flaschen mit Luft auf dem Rücken und einen Helm auf, in den seine Atemluft hereinkommt. Außerdem sei es sehr kalt da oben und darum müsse der Mann einen warmen Anzug tragen. Dann erzählte er noch, dass der Mann aus Amerika käme und von dort zum Mond geflogen wäre und dass das eine Sensation sei.

Ich hatte große Angst, der Mann könne vom Mond herunterfallen und durch die Wohnzimmerdecke krachen, auf unserem Tisch landen

21

und dabei alles kaputtmachen. Deshalb fragte ich meinen Vater, ob der Mann das Dach reparieren würde, wenn er es kaputtmacht und ob es in mein Zimmer hineinregnen würde, wenn der Mann vom Himmel fällt. Ich wollte, dass mein Vater sagt, dass der Mann das Dach sofort reparieren muss, wenn er es kaputtmacht, damit meine Puppen bei Regenwetter nicht nass werden. Außerdem hatte ich Angst, dass ich dann frieren muss. Zu allem Überfluss wollte ich noch wissen, wer den Mann nach Hause bringt, wenn er durch unser Dach kracht und ob es ein böser Mann ist. Mein Vater verlor die Geduld. Er fing an zu brüllen, ich solle endlich still sein, der Mann würde unser Dach ganz sicher nicht kaputtmachen. Da er aber nicht sagte, dass der Mann nicht vom Himmel fiele, war das Ergebnis, dass mein Bruder und ich anfingen zu heulen und bei Mama und Papa im Bett schlafen wollten, bis der Mann wieder vom Mond herunter ist.

Wir traten meist in Rudeln auf.

Wir, die Babyboomer

Wir waren viele, wir Kinder des Jahrgangs 1965. Man nannte uns zu Recht Babyboomer, und aufgrund unserer Masse sollten wir später in jeder Lebensphase die herrschende Bevölkerungsgruppe sein. Natürlich wussten wir das nicht, wir wussten nur, dass es immer genug Gleichaltrige zum Spielen gab. Alle Kinder, die wir kannten, hatten Geschwister, es gab viele Cousins und Cousinen, wer nur ein Brüderchen oder Schwesterchen hatte, wurde mitleidig belächelt. Dass eine Familie aus Mama, Papa, Oma, Opa, Bruder und Schwester bestand, war eine Tatsache, an der wir niemals zweifelten. Selten trafen wir ein Kind, das nur Mama hatte, aber keinen Papa, weil die Eltern geschieden waren. Dass es auch einen Papa geben musste, wurde uns nicht bewusst, weil diese Kinder immer bei ihrer Mutter leb-

Die Mondlandung

Im Rahmen des US-amerikanischen Apollo-Projekts der NASA soll ein Mensch auf dem Mond landen und unversehrt auf die Erde zurückkehren. Die ersten Menschen Neil Armstrong und Edwin „Buzz" Aldrin landen am 20. Juli 1969 um 22.17 Uhr MEZ auf dem Mond. Über 500 Millionen Fernsehzuschauer verfolgen weltweit live am Bildschirm, wie der US-Amerikaner Neil Armstrong mehrere Stunden später die Leiter der Landefähre hinabsteigt. Am 21. Juli um 3.56.20 Uhr MEZ betritt er als erster Mensch den Mond. Dabei sagt er den berühmt gewordenen Satz: „Dies ist ein kleiner Schritt für einen Menschen, aber ein großer Sprung für die Menschheit."

ten, aber nie bei ihrem Vater. Als wir in den Kindergarten kamen, überfluteten wir durch unsere Masse die Einrichtungen. Später, als wir zu Vorschulen und Grundschulen gingen, war es ebenso. Dann wurden wir Teenager, überschwemmten Gesamtschulen und Gymnasien, später Universitäten und Lehrstellen und als Erwachsene den Arbeitsmarkt. Wir kannten es nicht anders, erlebten alles in großen Gruppen.

Kindergeburtstage waren Veranstaltungen mit wenigstens zehn kleinen Gästen, auch als wir sehr jung waren und einige der Gäste noch nicht laufen konnten. Später kamen zu den Feiern mindestens zwanzig Kinder, nur die allerbesten Freunde und die engste Verwandtschaft – das waren wenige.

Heintje, unser erster Star – ein Kind wie wir

Kaum hatten wir herausgefunden, wie man Fernsehapparat und Radiogerät einschaltet, lernten wir unseren ersten Star kennen. Am 3. Juni erreichte der elfjährige niederländische Sänger Heintje (Hendrik Nikolaus Simons, geb. 1955) mit seiner ersten Langspielplatte die Nummer Eins der „Spiegel"-Bestsellerliste im Bereich Unterhaltungsmusik. Der Junge hatte in der väterlichen Gaststätte öfters zur Musikbox gesungen. 1965 gewann er einen Talentwettbewerb und wurde von dem holländischen Manager Addy Kleyngeld entdeckt. 1966 machte Heintje erste Schallplattenaufnahmen in Amsterdam. „Mama" hieß sein Lied, mit dem er 1968 und 1969 den „Goldenen Löwen" von Radio Luxemburg gewann.

Der Text ging uns nahe, weil es dort heißt: „Mama, du wirst doch nicht um deinen Jungen weinen. Mama, bald wird das wieder uns vereinen, ich werd es nie vergessen, was ich an dir hab besessen, dass es auf Erden nur eine gibt, die mich so heiß hat geliebt. Mama, und bringt das Schicksal uns nur Kummer und Schmerz, dann denk ich oft daran es weint für mich immer Mama dein Herz."

Wir verstanden, klein wie wir waren, sofort um was es ging. Schließlich war der Junge, der das Lied sang kaum älter als wir und hatte das alles doch schon selbst erlebt, glaubten wir. Waren wir aber ehrlich, hielten wir den zwölfjährigen Heintje für einen alten Mann, beinahe so alt, wie unsere Väter oder wenigstens so alt wie unsere Großväter, das konnten wir damals nicht genau unterscheiden. Eigentlich wollten wir nichts mit ihm zu tun haben, weil er ein alter Mann war und daher war Heintje eher ein Star für unsere Mütter und Großmütter.

Freunde, Pferde, Abenteuer.

Winnetou – ein Held für Mädchen und Jungen

Zu der kollektiven Identität unserer Generation gehörte es, mit Karl Mays „Winnetou" aufgewachsen zu sein und anhand der Indianerfilme gelernt zu haben, was gut und böse unterscheidet. Der Indianerhäuptling verkörpert den edlen, guten Indianer. Erfunden hat ihn der Schriftsteller Karl May für seine dreiteilige Romanreihe „Winnetou" und andere seiner Geschichten, die im Westen spielen. Mit einer Silberbüchse, reitend auf seinem Pferd Iltschi kämpft der Mescalero-Apache für Gerechtigkeit und Frieden. „Winnetou und Shatterhand im Tal der Toten" war 1968 als vorerst letzter Winnetou-Film herausgekommen. „Der Schatz im Silbersee" war 1962 der erste Film der Reihe gewesen. Da die Filme regelmäßig im Fernsehen gezeigt und endlos wiederholt wurden, waren wir bald Indianerexperten. Wir verehrten den guten Häuptling und spielten in unseren Indianerspielen nach, was wir gesehen hatten, wobei wir die Geschichten kreativ erweiterten. Besonders beliebt bei Mädchen war die Rolle der Winnetou-Schwester Nscho-tschi. Es war aber völlig akzeptiert, dass ein Mädchen den schönen Häuptling spielte, schließlich konnten wir uns alle mit dem edlen Helden identifizieren. Jungen verlegten sich oft auf die Rolle der Cowboys, weil sie dann böse sein durften, ohne dafür bestraft zu werden. Im Eifer des Gefechts kam es daher oft vor, dass Cowboys Indianer an den Marterpfahl fesselten und nicht umgekehrt Mädchen, egal ob als Nscho-tschi oder Winnetou öfter am Marterpfahl als ihre männlichen Mitspieler. In solchen Fällen, mussten sich alle, als buchstäblich letzte Rettung, wieder streng an die Filmvorlage halten, damit Winnetou das Spiel gewann.

Mit den Nachbarskindern und Geschwistern zu Hause spielen war einfach schöner, als im Kindergarten.

Ein Behelfskindergarten auf dem Land

Eines Tages packte uns Mutter ins Auto und fuhr eine viertel Stunde in ein anderes Dorf. Die Strecke würde sie nun jeden Tag zweimal mit uns zurücklegen, morgens um acht und mittags um elf, damit wir rechtzeitig zum Mittagessen zu Hause waren. Zwei kleine Jungen aus unserem Ort saßen mit im Auto, wir alle trugen Papptaschen mit geschmierten Butterbroten um den Hals. Die Täschchen waren außen mit Plastikfolie beschichtet und mit Abziehbildern verziert. Jeder hatte eine kleine Flasche mit Saft dabei und wir waren alle aufgeregt. Während der Fahrt übten wir laut unseren Vor- und Zunamen und unsere Adresse flüssig aufsagen zu können. Als wir das geschafft hatten, konnte das Abenteuer für uns beginnen. Eine alte Dame nahm uns vor dem Dorfgemeinschaftshaus der kleinen Gemeinde in Empfang. Im Haus war ein Raum leergeräumt worden, jemand hatte einen Sandhaufen aufgeschüttet und Plastikspielzeug

bereitgestellt. Es war ein Notbehelf. Die alte Dame war Hausfrau, Rentnerin, hatte Zeit und sich bereit erklärt, uns etwa 30 Kindergartenkinder jeden Vormittag zu beaufsichtigen. Es war der einzige Kindergarten im Umkreis von etlichen Kilometern. Es war ein Wunder, dass wir dort einen Platz bekommen hatten. Die Dame häkelte und strickte unentwegt, wir spielten im Sand, manchmal las sie uns eine Geschichte vor oder wir bastelten gemeinsam. Das war alles. Nach einiger Zeit fingen wir an zu protestieren, weil wir nicht mehr in den Kindergarten gehen wollten. Es war langweilig, wir konnten nicht richtig spielen, weil es nicht genug Spielzeug gab. Für den Sandkasten waren wir mit vier und fünf Jahren zu alt und wir weinten jeden Morgen, weil der Kindergarten doof war, wir nicht hin wollten und dort nichts zu tun hatten. Nach einigen Wochen sahen auch unsere Mütter das ein und wir durften zu Hause bleiben.

Waldmeisterbrause, Waltons und Olympia

7. bis 10. Lebensjahr

Schulbeginn, Türkenkinder, Wechselbälger

Als für uns mit sechs Jahren 1971 in der Schule der Ernst des Lebens begann, waren uneheliche Kinder den ehelichen seit zwei Jahren rechtlich gleichgestellt. Soweit die Theorie. Trotzdem gab es in unseren Schulklassen so etwas natürlich nicht. Niemand kannte ein Kind, das mit dieser Schmach groß werden musste. Hätten wir eines gekannt, hätten wir nicht mit ihm spielen dürfen. In der Klasse hätte es wahrscheinlich allein an seinem Tisch sitzen müssen, es sei denn, ein mutiges Kind hätte es gewagt, sich neben so einen „Wanst" zu setzen. Mütter heirateten noch immer aus der Not heraus Männer, die die „Bälger" adoptierten und damit die „Schande" vertuschten. Wir waren also eine ordentliche Klasse, mit Kindern aus richtigen Familien. Dort war es

selbstverständlich, dass der Vater arbeitete, Geld nach Hause brachte und die Mutter den Haushalt machte. Allein wohlgemerkt, da ein richtiger Mann noch immer glaubte, ihm bräche ein Zacken aus der Krone, würde er in Haus und Hof mehr machen als Rasen zu mähen und Auto zu waschen.

Unseren Vätern erleichterte seit einem Jahr ein neues Gesetz das Leben. Sollten sie einmal krank sein, durften sie jetzt zu Hause bleiben und ihr Chef musste ihnen trotzdem sechs Wochen lang vollen Lohn zahlen. Diese kleine Verbesserung trug vielleicht dazu bei, dass unsere Eltern immer öfter über Urlaub mit uns Kindern nachdachten. Jetzt im Grundschulalter waren wir alt genug. Unsere Eltern würden im Süden nicht mehr so viel Last mit uns haben,

Chronik

3. Mai 1971
Walter Ulbricht tritt aus Altersgründen vom Amt des Ersten Sekretärs des Zentralkomitees (ZK) der SED zurück. Sein Nachfolger wird Erich Honecker.

10. Dezember 1971
Bundeskanzler Willy Brandt wird in Oslo mit dem Friedensnobelpreis ausgezeichnet. Seine Ostpolitik wird als Beitrag zur Überwindung der Auseinandersetzungen zwischen den Machtblöcken in Europa betrachtet. Brandt ist der erste Deutsche, der nach dem Zweiten Weltkrieg die Auszeichnung erhält.

28. Januar 1972
Auf dem Höhepunkt der Fahndung nach Mitgliedern der RAF beschließen die Regierungschefs von Bund und Ländern unter Vorsitz von Bundeskanzler Willy Brandt den so genannten Radikalenerlass. Danach dürfen Mitglieder „extremer Organisationen" aus dem öffentlichen Dienst fern gehalten werden.

22. März 1972
Der US-Senat in Washington billigt einen Zusatzartikel zur Verfassung der USA, der die Gleichberechtigung der Frau festschreibt. Die Ratifizierung kommt jedoch nicht zustande.

1. Juni 1972
Die RAF-Terroristen Andreas Baader, Holger Meins (1941–1974) und Jan Carl Raspe (1944–1977) werden nach einem längeren Schusswechsel mit der Polizei in Frankfurt/Main festgenommen. Dem war eine Serie von Bombenanschlägen der Gruppe auf Gebäude, Menschen und Institutionen vorausgegangen.

8. Mai bis 29. Juni 1973
Um eine Lockerung der Haftbedingungen zu erreichen, beginnen inhaftierte RAF-Mitglieder in der Bundesrepublik einen Hungerstreik.

18. bis 25. Mai 1973
Der KPdSU-Generalsekretär Breschnew besucht die USA und unterzeichnet am 22. Juni das „Amerikanisch-Sowjetische Abkommen zur Verhinderung eines Atomkrieges". Es verpflichtet beide Staaten bei Kriegsgefahr zu gegenseitigen Unterredungen.

6. Mai 1974
Bundeskanzler Willy Brandt tritt im Verlauf der Agentenaffäre um den DDR-Spion Günter Guillaume überraschend zurück.

wie mit Kleinkindern. Außerdem war jetzt genug Geld im Haus, man konnte sich etwas leisten und wollte das auch.

1971 war das Jahr, in dem die ersten Aussiedler aus den ehemaligen deutschen Ostgebieten in der Bundesrepublik eintrafen und man wieder von West- nach Ostberlin telefonieren durfte. Für unsere Eltern waren Aussiedler irgendwie noch Deutsche. Doch seit den sechziger Jahren waren Gastarbeiter im Land, die man in südeuropäischen Ländern wie Italien, Spanien, Griechenland und der Türkei angeworben hatte. Mit ihnen taten sich unsere Eltern noch immer schwer. Offiziell als Arbeitskräfte willkommen, waren die Fremdarbeiter vom gesellschaftlichen Leben weitgehend ausgeschlossen. In den Dörfern gab es keine ausländischen Familien und niemand dort kam auf den Gedanken, dass wir einmal mit Gastarbeiterkindern zur Grundschule gehen würden. Vorurteile gegen die Fremden beherrschten den Alltag. So glaubten viele Deutsche, die Ausländer würden sich nur einmal pro Woche waschen. Für uns Kinder war diese Vorstellung ein Schock, waren wir doch dazu erzogen worden, uns mindestens jeden Morgen und Abend sorgfältig zu waschen und auch die Ohren nicht zu vergessen. Als die ersten italienischen und türkischen Kinder in die Grundschule kamen, konnten unsere Eltern nicht verstehen, wie sie dem Unterricht folgen könnten, wo sie doch kein Deutsch könnten. Man ereiferte sich, dass die Ausländer die Klasse im Unterrichtsstoff bremsen würden und Kinder, die später aufs Gymnasium gehen sollen, darunter leiden würden. Wir hatten also noch nicht die Schultüte ausgepackt, da sahen unsere Eltern bereits große Probleme auf uns zukommen.

Wir waren echte Maus-Fans.

Die Sendung mit der Maus und Sesamstraße

Gerade richtig für uns ABC-Schützen kam die neue Kindersendung, „Die Sendung mit der Maus". Am 23. Januar 1972 saßen einige von uns bereits am Sonntagvormittag erwartungsvoll vor dem Fernseher, gespannt, was nun passieren würde. Die „Lach- und Sachgeschichten" des Westdeutschen Rundfunks gab es seit zwei Jahren, nun kam etwas Neues hinzu.

Die liebevoll gezeichnete Maus, die der Sendefolge den Namen gab, schlossen wir bald ins Herz. Zwar rissen uns ihre Kapriolen nicht immer vom Hocker, aber die kurzen Filme, die während der Sendung gezeigt wurden, begeisterten. So sahen wir etwa dabei zu, wie in einer Fabrik bunte Bälle hergestellt wurden, Bleistifte oder Zylinderhüte. Toll fanden wir, dass Fragen beantwortet wurden, wie etwa, wie kommt die Füllung in ein Bonbon oder warum sind manche Nudeln innen hohl. Darüber konnten wir noch Tage später mit unse-

ren Freunden streiten und meinten, wir wüssten es besser als die anderen. Bald fingen wir an, eigene Fragen zu stellen und vor allem diese zu beantworten. So entwickelten wir Theorien über die Herstellung von Wassereis, die Schwimmleistung von Bademeistern, oder die Herkunft von Dosenpilzen.

Nachdem wir die Maus geguckt hatten, meist mit allen Geschwistern zusammen, gab es Mittagessen. Das war jeden Sonntag so und wurde zu einem festen Ritual. Damals gehörte das berühmte Sonntagsessen zu diesem freien Tag, wie der Schnee zum Winter. Unsere Mütter machten sich mit der Zubereitung des Menüs, das meistens einen Sonntagsbraten einschloss, besondere Mühe. Deshalb waren sie froh, ihre anstrengenden Kinder, die kochende Mütter gerne mit Fragen löcherten, für eine Weile los zu sein. Während unsere Muttis also jeden Sonntag mit Vorsuppe, Beilage, Nachspeise und Tischdekoration beschäftigt waren, die Väter Zeitung lasen und sich bei unseren Großeltern garantiert genau das gleiche Szenario abspielte, wurden wir zu treuen und eingeschworenen Fans der Maus. Für die Sesamstraße waren wir zu alt. 1973 kam die Puppensendung für Vorschulkinder das erste Mal im Fernsehen, interessierte uns Schulkinder aber nicht so sehr.

Bert kannten alle.

28

Alle Erstklässler aus dem Dorf an ihrem großen Tag.

Disziplin und Chaos
am ersten Schultag

Am ersten Schultag war es kalt und wir froren zusammen mit unseren Eltern auf dem Schulhof. Im Sommer hatten wir den ganzen Tag draußen gespielt, nun kam der Herbst und für uns damit die Schule. Den langen Sommer über hatten wir Zeit zum Spielen gehabt und wussten, dass das jetzt vorbei ist. Wir liefen zu Fuß zum alten Gebäude der Grundschule, weil es dort nicht genug Parkplätze gab und alle Eltern ihre Kinder mit dem Auto brachten. Fast jeder hatte einen neuen Schulranzen, vor einiger Zeit gekauft, entweder aus Pappe mit Lackfolie oder aus Leder. Die meisten trugen Pappranzen. Jedes Kind hatte ein Federmäppchen, einen neuen Füller, Buntstifte, Bleistiftspitzer und Radiergummi bekommen. Dazu Hefte, einen Turnbeutel und natürlich die Zuckertüte. Diese war das Wichtigste an diesem Tag, alles andere wurde hingenommen. Wir waren gespannt und aufgeregt. Der Grund war einfach, wir freu-

ten uns auf die Schule, würden viele neue Kinder kennen lernen und gehörten endlich zu den Großen. Die meisten von uns waren nicht oder nur kurze Zeit im Kindergarten gewesen oder nur in einem provisorischen, und darum fanden wir es besonders toll, viele Kinder kennen zu lernen. Es gab vier neue Klassen mit je 40 Kindern, dazu eine Klassenlehrerin und einen alten Lehrer für Musik und Religion für alle Klassen. Wir schwätzten durcheinander, verglichen Ranzen, Turnsachen und Zuckertüten und wurden deshalb von unseren Müttern gemahnt, still zu sein. In der Turnhalle fand eine Begrüßungsfeier statt, bei der die Kinder der vierten Klasse ein Theaterstück aufführten und der Direktor sprach. Wir wurden in zwei Gruppen zu je 80 Kindern und ebenso vielen Müttern geteilt, damit wir in die Turnhalle passten. Dann sollten wir stillsitzen, durften nicht aufstehen, rumlaufen und mit unseren Müttern reden, die

29

neben uns saßen. Wir waren froh, als das Theaterstück vorbei war, verstanden hatten wir sowieso kaum etwas. Die älteren Schüler hatten die ehrenvolle Aufgabe, das Stück mehrmals nacheinander aufführen zu müssen, und dazu hatten sie keine rechte Lust. Entweder war die Akustik in der Halle schlecht, so dass man nichts verstehen konnte oder die Schüler sprachen so leise, was wahrscheinlicher war, klar war nur, dass wir alle anfingen zu quengeln, weil wir nichts hörten. Unsere Mütter wurden deshalb böse, und zwar fast alle, und damit war das Chaos perfekt. Der Direktor erlöste schließlich quengelnde und weinende Kinder mitsamt genervten Müttern, 160 Menschen plus Lehrkörper, und schickte alle in die Klassenräume.

Wieder zu Hause, gab es endlich die heiß ersehnte Zuckertüte. Beim Auspacken wurden viele Gesichter sehr lang und Tränen flossen. Noch wurden die Tüten mit Knüllpapier gefüllt und ein paar Süßigkeiten oben aufgelegt. Wer großzügige Eltern hatte, fand vielleicht ein Taschenbuch für Erstklässler in Schreibschrift. Mancher von uns hatte Schultüte und Ranzen von seinen älteren Geschwistern übernehmen müssen und vererbte beide später an die jüngeren.

Die Mode der Hippies

Wir waren nicht direkt betroffen von der Modewelle der Hippiekleidung, wir trugen Kindersachen, Ringelpullover, wie alle anderen in unserer Klasse und liebten deren bunte Farben. Wir trugen keine wallenden Gewänder, Blumenkleider und natürlich keine Rauschebärte. Wir waren Kinder in Halbschuhen von Salamander, bunten Stoffhosen und Lackregenmänteln. Wir

Lange Flattermäntel galten als revolutionäre Kleidung.

trugen im Winter Bommelmützen aus Kunstfell mit passenden Handschuhen und im Sommer bunte T-Shirts. Unsere Mütter aber sahen zum Lachen aus, fanden wir, weil sie Blumenröcke und irrsinnig hohes Schuhwerk trugen. Ihre vorne spitzen Schuhe verschwanden in der Altkleidersammlung und neue Modelle machten sich im Schuhschrank breit.

Ab 1967 breitete sich die Hippiewelle über Europa aus. Fünf Jahre später dominierte der Stil das Straßenbild und man orientierte die neueste Mode an der Hippiekleidung. Die Blumenkinder protestierten gegen gesellschaftliche Normen, indem sie lange Haare und Bärte trugen, bunte Kleider aus verschiedenen Kulturkreisen sowie ausgefallene Schuhe und Stiefel. Die jungen Männer und Frauen traten für eine natürliche, naturverbundene und kosmopolitische Lebensweise ein, in der fremde Völker und deren Mythen, Rituale und Religionen wichtig waren. Kapitalismus und Technologie machten sie für die Entmenschlichung der Gesellschaft verantwortlich. Die große Masse der Bevölkerung konnte der Subkultur nichts abgewinnen, übernahm aber nach und nach Teile ihrer Bekleidungskultur. So wurden um 1970 kniehohe Stiefel modern, die, besonders wenn sie in Knautschlack glänzten, der letzte

In der vierten Klasse waren Ringel-T-Shirts trendy.

Schrei waren. Diese borgten wir uns öfter von unseren Müttern, da sie sich gut zum Verkleiden eigneten. An anderen Schuhen aus Mutters Schuhschrank scheiterten wir mit unseren Gehversuchen sofort. Gegen Ende der sechziger Jahre waren Plateauschuhe hochmodisch. Auch als wir schon zehn Jahre alt waren, standen diese noch in den elterlichen Schuhschränken. Sie hatten eine hohe, klobige Sohle, waren manchmal mit Perlenstickerei verziert oder hatten Korksohlen. Unsere Mütter balancierten damit zum Einkaufen die Straße hinunter. Ihre Männer schwankten zwischen Bewunderung für die endlos langen Frauenbeine und Unverständnis, weil es einiger Übung bedurfte, um in den Schuhe laufen zu können. Neben den Schuhen hatten auch die Mäntel der Hippies längst ihren Siegeszug in gutbürgerliche Schränke angetreten. Man trug plötzlich Samtmäntel und -jacken, zottelige Fellmäntel, Fellwesten und hatte auf jeden Fall Wild- oder Nappaledermäntel oder geschorene Lammfellmäntel mit Pelzkragen im Schrank.

Schlagartig begann eine Renaissance des Strickens. Pullover mit bunten Ringeln, weiten Ärmeln und riesigen Rollkragen, aus ausgefallenen Wollsorten, irgendwas zwischen Mohair, Schaf und Angora, wurden modisch. Frauenzeitschriften wie „Brigitte" hielten unzählige Strickmuster parat. Mütter, Töchter, Söhne und Omas wetteiferten frei nach der „Brigitte" bald um den modischsten Selbstgestrickten oder um die unermüdlichste Pulloverproduktion.

Antiautoritäre Erziehung

Das Konzept der antiautoritären Erziehung wendet sich gegen bestehende familiäre Normen. Die reformpädagogische Bewegung entsteht im Zusammenhang mit der Studentenbewegung in den sechziger Jahren. Übernommene Autoritäten werden konsequent abgelehnt und eine Befreiung von sämtlichen die Entfaltung der Persönlichkeit und auch der Gesellschaft behindernden Zwängen gefordert.

In Deutschland wird dies unter anderem durch die Schriften des britischen Pädagogen Alexander Sutherland Neill, Elemente der Psychoanalyse Wilhelm Reichs sowie der Kritischen Theorie der Frankfurter Schule untermauert.

Seit 1968 entstehen vor allem in Berlin so genannte Kinderläden, die diese Idee aufnehmen und sich von Kindergärten abgrenzen.

*In der Stadt gab es Turnriegen –
auf dem Land musste improvisiert werden.*

Kinderturnen
im Gaststättensaal

Antiautoritäre Erziehung gab es für uns nicht. Diese war eine Zeiterscheinung, die in die meisten Köpfe, besonders auf dem Land, noch keinen Einzug gehalten hatte. Der junge Lehrer, drei Straßen weiter, versuchte zwar diese Ideale bei seinen Kindern anzuwenden, bei konservativen Erziehern stieß er damit jedoch auf aggressive Ablehnung. Viele Eltern sahen die Zukunft des Landes durch antiautoritäre Erziehung bedroht. Für sie war klar, dass diese Pädagogik zur Drogensucht führe und die so erzogenen Kinder später im Knast landen würden. Kon-

servative Eltern setzten strenge Grenzen, sparten nicht mit Schlägen und Ohrfeigen und hielten ihre Kinder zur Arbeit an.

Ganz im Sinne der altmodischen Kindererziehung war das Kinderturnen des örtlichen Sportvereins. Getrennt nach Jungen und Mädchen trafen sich die Grundschulkinder einmal die Woche im Saal der nächsten Gaststätte. Ordentlich in Zweierreihen aufgestellt schlugen wir Purzelbäume, sprangen Seil und machten Kniebeugen. Disziplin war unserer Leiterin besonders wichtig. Sie kontrollierte, ob wir das richtige schwarze Turnzeug anhatten, das wie Unterwäsche aussah und die richtigen Gymnastikschuhe. Sie achtete darauf, dass wir nicht schwatzten. Mädchen hatten in erster Linie brav zu sein, nicht zu rangeln und zu gehorchen. Das Turnen fand im Sommer wie im Winter im Gaststättensaal statt, der nach kaltem Zigarettenrauch stank und unter der Erde im Keller lag. Unsere Leiterin traute sich im Sommer nicht mit uns raus an die frische Luft, da sie befürchtete, wir könnten ihr draußen nicht gehorchen. Das Wichtigste in jeder Turnstunde war, dass wir auf sie hörten und nur genau das taten, was sie uns befahl. Es gab keine Ausnahmen, und wer es wagte unerlaubt zu reden, herumzualbern oder zu stören, wurde mit Ausschluss aus der Gruppe bestraft, vorzeitig nach Hause geschickt und dort von seinen Eltern dafür geohrfeigt. Die Drohung, uns vor Ende der Stunde zu unseren Eltern zu schicken und in der nächsten Woche nicht wiederkommen zu dürfen, wirkte immer. Wir wussten, wer beim Turnen rausfliegt, wird zu Hause wahrscheinlich geohrfeigt, und daher wagte niemand , gegen die Turnlehrerin zu rebellieren.

Der autofreie Sonntag

Als wir acht Jahre alt und große Grundschulkinder waren, erlebten wir eine Sensation auf Landstraßen und Autobahnen. Wir hatten einen ganzen Sonntag lang Zeit, auf der Straße Rollschuh zu laufen und Fahrrad oder Kettcar zu fahren. Weit und breit war kein Auto zu sehen, die Straßen waren leer, bis auf die zahllosen Familien, die den neu gewonnen Platz für Ausflüge nutzten. Am 25. November 1973 konnten wir ungestört auf der Autobahn Ball spielen oder unseren Hund Gassi führen, was viele Menschen ausgiebig taten. Es herrschte stellenweise Gedränge, da der erste autofreie Sonntag in der Bundesrepublik Deutschland unfreiwillig Volksfestcharakter angenommen hatte. Wir Kinder liebten diesen Tag und genossen unsere neue Freiheit. Die für uns gigantisch breite Autobahn war sonst absolut verbotenes Terrain, das wir ihrer Gefährlichkeit wegen nur von der Brücke aus von oben sahen. Heute aber hatten sich unsere Eltern mit Picknickkörben und Thermoskannen ausgerüstet und versorgten uns mit heißem Tee. Viele Väter fanden sich zur bierseligen Stehparty auf offener Straße zusammen. Je höher der Alkoholspiegel stieg, umso hitziger wurden politische Debatten über Ölpreis und Regierung, mit denen sie sich den Tag vertrieben. Jeder glaubte ein persönliches Opfer zu bringen, da der autofreie Sonntag eine politische Reaktion auf die Ölkrise war. Sprit war knapp, Sprit sparen erste Bürgerpflicht, und mancher fühlte sich an diesem Tag das erste Mal direkt von politischen Entscheidungen betroffen. Alles in allem war es für viele Menschen ein ausgesprochen ungewöhnlicher Tag, an den sich heute noch viele erinnern.

Im Tierpark verbrachten wir viele Sonntage, nicht nur die autofreien.

Ölkrise

Die erste und bisher größte Ölkrise beginnt im Herbst 1973, als die Organisation der erdölexportierenden Länder (OPEC) bewusst die Fördermengen um etwa 5% drosselt, um den Preis für Erdöl zu ihren Gunsten zu beeinflussen. Daraufhin wird der Ölpreis am 16.Oktober 1973 von rund drei Dollar pro Barrel (159 Liter) auf über fünf Dollar angehoben, eine Preissteigerung von 70%. Gleichzeitig wird ein Ölembargo gegen die USA und die Niederlande verhängt. Als Vorwand diente deren Unterstützung Israels im Jom-Kippur-Krieg. Im Verlauf des nächsten Jahres steigt der Weltölpreis auf über 12 Dollar, was eine Steigerung von 300% ist.

Das Sandmännchen-Ritual

Während der gesamten Grundschulzeit begleitete uns abends das Fernsehsandmännchen in den Schlaf. Erst als wir zehn Jahre alt wurden, verabschiedeten wir uns endgültig von der Sendung mit der animierten Puppe. Bis dahin bestimmte sie unsere Einschlafzeit. Das liebenswerte Männchen auf seiner Wolke erschien jeden Abend genau um 19 Uhr. Mit dem immergleichen Sandmännchenlied begann unser Einschlafritual. Die fünfminütige Geschichte, die die Figur erzählte, durften wir noch sehen, dann hieß es Zähne putzen, Schlafanzug anziehen und ins Bett legen. Am nächsten Morgen würde, wie jeden Tag, um halb sieben Uhr

In Ost und West sprach das Sandmännchen: „Und nun, liebe Kinder, gebt fein acht. Ich habe euch etwas mitgebracht ...".

der Wecker klingeln, der Vater ins Zimmer stürmen und der Frühstückstisch gedeckt bereitstehen. Abends gab es nach dem Sandmännchen im Bett einen Gutenachtkuss von Vater und Mutter, ein gemeinsames Nachtgebet und ein Schlaflied, das die Mutter Abend für Abend sang. Für manche von uns gehörte lange noch eine Gutenachtgeschichte zum Einschlafritual, die müde Väter vorlasen oder müde Mütter auswendig erzählten.

Die Sandmännchengeschichten nahmen einen festen Platz in unserem Leben ein und deshalb wusste beinahe jedes Grundschulkind in unserer Gegend, was ein Wawuscheltag ist und warum man sich dann gegenseitig die Haare zerwühlen muss.

Das Sandmännchen flimmerte seit dem 29. Oktober 1962 auf den Fernsehkanälen von NDR, SFB und HR. Es trug einen runden Bart um den unteren Teil seines Gesichtes und war eine Kreation von Herbert K. Schulz. Bis zu seinem Tod 1985 produzierte Schulz mit seiner Firma 77 Sandmann-Folgen und etwa 1500 Filme für die Gute-Nacht-Geschichten. Längere Serien waren „Käpt'n Smoky" mit 112 Folgen in der Zeit von 1963 bis 1968 und die „Wawuschels", die nach den Büchern von Irina Korschunow mit 82 Folgen in den Jahren von 1969 bis 1973 gezeigt wurden. Berühmte Autoren wie Janosch und James Krüss und Schauspieler wie Uwe Friedrichsen (Cowboy Jim) und Cornelia Froboess (Trixi Löwenstark) arbeiteten für das Sandmännchen. Die Augsburger Puppenkiste brachte bis zu 800 Folgen verschiedenster Serien ein.

Gleitschuh, Gummitwist und Co.

Zwei Dinge waren für uns wichtig, sobald es schneite: Unsere Schlitten und unsere Gleitschuhe. Mit den Schlitten sausten wir in Gruppen jede noch so kleine Erhebung hinab, und wenn es nicht genug schneite, fuhren wir auf dem schwarzen Matsch. Mit den Gleitschuhen, einfachen Metallschienen, die wir an unsere Gummistiefel schnallten, befuhren wir die Straßen. Am besten konnte man auf glattgefahrenen Autospuren aus zusammengepresstem Schnee damit rutschen. Ansonsten waren Schneeballschlachten und das gemeinsame Einseifen eines unschuldigen Opfers beliebt. Der erste Schnee jeden Jahres war etwas Besonderes, der alle Familien der Nachbarschaft auf einmal auf die Straße lockte, um gemeinsam im Schnee zu toben.

Der Winter brachte auch Unangenehmes, wie jeden Morgen vollkommen vereiste Fensterscheiben. Wollte man etwas sehen, musste man sich die Zeit nehmen, die dicke Eisschicht so lange mit warmem Atem anzuhauchen, bis man ein kleines Loch hineingeschmolzen hatte und nach draußen gucken konnte.

Im Sommer spielten die Jungen Tag für Tag Fußball, unermüdlich und nie mit dem Ergebnis zufrieden und die Mädchen hüpften Gummitwist. Gummihüpfen war für viele die Königsdisziplin aller Mädchenspiele auf dem Schulhof. Besonders Eifrige trainierten nachmittags und gaben mit ihren Leistungen an. Die Jungen spielten auch am Nachmittag Fußball, nur die Zusammensetzungen der Mannschaften war dann anders

Wetten, dass ein rot lackierter Schlitten schneller fährt als ein brauner.

als am Morgen. Die übrige Zeit unterhielten sie sich über ihre Fußballhelden aus der Bundesliga. Es gab wütende Kämpfe und Prügeleien, weil sie sich nicht einigen konnten, ob Sepp Maier oder Gerd Müller, beide 1972 Europameister, der bessere Fußballer war.

Die olympische Flagge hängt nach dem Anschlag auf Halbmast.

Die „Terror-Spiele" von München

Für die meisten Jungen, ihre Väter, Onkel und Cousins gab es 1972 ein dickes Sahnebonbon. Vom 26. August bis zum 11. September fanden die zwanzigsten Olympischen Sommerspiele in München und Kiel statt. Zwar hatten die meisten von uns kein Geld, um die Spiele vor Ort zu sehen und auch unter den Vätern waren nur wenige, die daran denken konnten, sich dieses Vergnügen zu leisten, aber wir kannten jede Wertung, jeden Sieg unserer deutschen Helden und fieberten täglich vor dem Fernseher neuen Rekorden entgegen. Die Männer waren stolz, die Olympischen Spiele in

Deutschland zu haben und taten so, als wären sie jeden Tag dabei gewesen. München war in diesem Sommer Ziel aller Sehnsüchte, und wer tatsächlich da gewesen war, oder das nur glaubhaft genug versichern konnte, galt tagelang als Held. Den ganzen August über verbrachten viele Menschen mehr Zeit vor dem Fernsehgerät als im Schwimmbad. Wer kein Interesse an den Spielen hatte, litt in dieser Zeit, da das Fernsehen von morgens bis abends nur Olympia ausstrahlte und wir unsere geliebten Kindersendungen, wie „Flipper" und „Lassie", nicht immer sehen konnten.

Als dann die Katastrophe passierte, war niemand darauf vorbereitet und die Menschen im Land standen tagelang unter Schock. Aus dem Nichts heraus nahmen palästinensische Terroristen israelische Sportler als Geiseln und forderten die Freilassung von 200 inhaftierten Palästinensern. Acht Mitglieder der Terrorgruppe „Schwarzer September" nahmen am 5. September im olympischen Dorf neun Sportler als Geiseln und töteten zwei Israelis sofort. Bei der eilig eingeleiteten missglückten Befreiungsaktion auf dem Flughafen von Fürstenfeldbruck kamen alle neun Geiseln, ein deutscher Polizist und fünf Geiselnehmer ums Leben. Die olympischen Wettkämpfe wurden für einen Tag unterbrochen, um Trauer- und Gedenkfeiern abzuhalten. Der Terroranschlag erregte weltweit Entsetzen und bedeutete das Ende der ehemals heiteren Spiele. Avery Brundage, Präsident des Internationalen Olympischen Komitees (IOC) erklärte den Geschehnissen zum Trotz: „The Games must go on – die Spiele müssen weitergehen", und so geschah es dann auch.

Lassie, Flipper und die Waltons

Im Fernsehen liefen einige kindgerechte amerikanische Serien, deren Genuss uns unsere Eltern regelmäßig erlaubten. Etwa Lassie, die Sendung mit der ungewöhnlich intelligenten Colliedame, die uns einige Jahre lang begeisterte. „Lassie" wurde in den USA von 1958 bis 1974 produziert und prägte unsere kindliche Vorstellung vom fernen Amerika. Es gab die unglaubliche Anzahl von 581 Lassie-Folgen, die natürlich niemand von uns vollständig gesehen hatte. Die kluge Hündin und ihr Freund Timmy Cabbot, darum drehten sich alle Sendungen, kamen immer wieder in gefährliche Situationen, aus denen der Collie einen Ausweg wusste. Timmy, für uns der typische amerikanische Junge, musste mit seiner Mutter Karen aus seiner Heimatstadt New York wegziehen, so wollte es die Geschichte, da sein Vater gestorben war und seine Mutter deshalb wieder zu Hause auf dem Land lebte. Der Zehnjährige litt unter dem Tod seines Vaters. Das konnten wir nachvollziehen und litten mit ihm. Seine Mutter, das war vielleicht das Aufregende an der braven Serie, war Tierärztin und arbeitete fleißig.

Die Waltons, nicht weniger brav, aber jüngeren Datums als Lassie, wurden von 1972 bis 1981 gedreht. Die Familienserie lief zum ersten Mal 1975 sonntags um 18.15 Uhr. Die Geschichte spielt in den Jahren der amerikanischen Depression 1932–1946. Die Familie Walton besaß ein Sägewerk in den Blue Ridge Mountains, Virginia, und lebte mit Großeltern, Eltern und sieben Kindern in einem Holzhaus. Der älteste Sohn John-Boy wollte Schriftstel-

Die Figuren der Waltons: Wir fühlten mit ihnen.

ler werden und schrieb abends Erlebnisse auf, die wir am Bildschirm miterleben durften. Einzelne Folgen hatten Titel, wie „Toleranz ist nicht nur ein Wort", oder „Die Versöhnung". Die Familie war arm, aber herzlich und brachte uns viel über das wahre Leben bei.

Die dritte Sendung, die unsere Sicht auf die Welt beeinflusste, war genauso harmlos und gutbürgerlich. In der Serie „Flipper" drehte sich alles um die Freundschaft eines Jungen zu einem Delphin. Auch hier wurde die Botschaft des guten Amerika verkündet. Der 14-jährige Sandy aus Chicago wurde in den Sommerferien auf die Insel Key West zu seinem Onkel Porter Ricks geschickt und konnte sich zunächst nicht mit dem raubeinigen Seebär anfreunden. Dann retteten die beiden einen Delphin, dessen Artgenossen von Bösewicht Moran erschossen wurden. Einige Tage später kam der Delphin zur Anlegestelle von Porter Ricks, um sich bei Sandy zu bedanken. Der Junge taufte seinen Freund Flipper und erlebte einige Folgen lang Abenteuer mit dem klugen Kameraden.

Das Leben wird härter, wir fangen an zu konkurrieren

11. bis 14. Lebensjahr

Bücherwürmer, Leseratten und der Schatz in der Leihbücherei

Als wir elf Jahre alt wurden, ließen wir die Kinderbücherei, eine Abteilung der örtlichen Leihbücherei, hinter uns. Wir brachten die letzten Bücher zurück und kamen nie wieder. Wir hatten beinahe alles gelesen, was dort angeboten wurde und für Bilderbücher, die für kleine Kinder auslagen, interessierten wir uns nicht. Manchen Regentag und kalten Winterabend hatten wir in der Sofaecke verbracht, die Nase in einem Buch und für die Welt um uns herum nicht mehr ansprechbar. Wir hatten uns vorgearbeitet von Otfried Preußlers kleinem Wassermann zu seinem kleinen Gespenst, von der kleinen Hexe zum Räuber Hotzenplotz. Das lag jetzt hinter uns. Vor uns lagen Bände wie „Die rote Zora" oder

Stoff für lange Leseabende.

Jahre später Michael Endes „Unendliche Geschichte". Jetzt nahmen wir uns alles über Pferde oder Autos vor, was wir finden konnten und verbummelten die Zeit mit Schneiderbüchern

Chronik

15. April 1975
Das Kernkraftwerk Biblis am Rhein, die weltweit größte Anlage dieser Art, nimmt den Betrieb auf.

30. April 1975
Der seit 1946 andauernde Vietnamkrieg endet mit der Besetzung Saigons durch Truppen des Vietcong. Die Regierung Südvietnams kapituliert und übergibt die Macht den Kommunisten.

21. Mai 1975
In Stuttgart-Stammheim wird der Prozess gegen die führenden Mitglieder der Baader-Meinhof-Gruppe Ulrike Meinhof, Andreas Baader, Jan Carl Raspe und Gudrun Ensslin eröffnet.

12. Februar 1976
Der Bundestag verabschiedet ein Reformgesetz zum Paragraphen 218. Nun wird bei einem Schwangerschaftsabbruch in den ersten drei Monaten nach der Empfängnis bei ethischer, medizinischer oder sozialer Notlage der Frau Straffreiheit gewährt.

24. Juni 1976
Der Bundestag verabschiedet das so genannte Anti-Terrorismus-Gesetz. Die „Bildung terroristischer Vereinigungen" wird als Straftatbestand in das Strafgesetzbuch aufgenommen.

1. Februar 1977
Die erste Ausgabe der Zeitschrift „Emma. Eine Zeitschrift für Frauen von Frauen", herausgegeben von Alice Schwarzer, erscheint in der Bundesrepublik.

7. April 1977
Generalbundesanwalt Siegfried Buback (1920 – 1977) wird zusammen mit seinem Fahrer in Karlsruhe auf offener Straße von RAF-Terroristen erschossen. In einem Bekennerschreiben bezeichnen sie Buback als „Akteur des Systems", der unter anderem die „Ermordung" Ulrike Meinhofs „inszeniert und geleitet" habe, und daher „hingerichtet" wurde.

8. Mai 1978
Reinhold Messner und Peter Habeler bezwingen als erste Bergsteiger den Mount Everest ohne Sauerstoffgerät.

26. Juli 1978
Das erste Retortenbaby kommt in England zur Welt.

16. Oktober 1978
Als dritter Papst innerhalb eines Jahres tritt als erster Pole Johannes Paul II. sein Amt an, nachdem seine beiden Vorgänger im selben Jahr verstarben.

von Enid Blyton, wie die über ihre unverwüstlichen Zwillinge „Hanni und Nanni". Jungen fanden sich von Blytons Abenteuer-Serie „Fünf Freunde" besser unterhalten, Mädchen von „Hanni und Nanni"-Internatsgeschichten.

Lernen fürs Leben

Der neue Lebensabschnitt begann für uns mit einer Entscheidung, die Eltern und Lehrer getroffen hatten. In der vierten Klasse der Grundschule war klar, wer auf Hauptschule oder Sonderschule gehen würde, wer zur Realschule, Gesamtschule oder zum Gymnasium. Die Eltern der meisten Kinder hatten sich für die nahe Gesamtschule entschieden, der Rest fuhr mit dem Bus zum weit entfernten Gymnasium. Unsere Eltern machten diese Frage auch zu einer politischen Entscheidung. Wer konservativ war und CDU wählte, schickte seine Kinder zum Gymnasium, wer der SPD nahe stand, entschied sich in der Regel für die Gesamtschule. Gesamtschulen waren während der Bildungsreformen der siebziger Jahre als eigenständige Schulform entstanden. Ziel der Gesamtschulen war, eine größere Durchlässigkeit zwischen den Schulformen von der Hauptschule bis zum Gymnasium zu erreichen und durch organisatorische Zusammenfassung ein besseres und billigeres Bildungsangebot zu bieten. Für uns hieß das: Wir waren in einem riesigen Neubau in verschiedenen Klassen oder genauer gesagt Kursen. Es gab C-Kurse für leistungsschwache, B-Kurse für durchschnittliche und A-Kurse für gute Schüler. Meistens war man alles zugleich, also in einem Fach A, im nächsten B und im dritten nur C. Dass allerdings nicht jeder Abitur machen würde, stand früh fest.

Als wir älter wurden, gab es Zeiten, in denen die armen Gymnasiasten die reichen Lehrlinge beneideten. Lehrlinge hatten früh eigenes Geld, mussten zu Hause nichts abgeben und bekamen doch die Wäsche von der Mutter gewaschen. Gymnasiasten kämpften in diesem Alter noch mit ihren Eltern, um ihr spärliches Taschengeld um einige DM aufstocken zu lassen. Der Unterschied zwischen Lehrlingen und denen, die Abitur machten, wurde im Laufe der Jahre, je älter wir wurden, immer größer. Nicht nur, dass die einen Geld hatten und die anderen nicht, auch hatten die mit Geld früher Erfahrungen mit Freundinnen, während die ohne Geld eisern für ihr erstes gebrauchtes Auto sparten und das mit den Freundinnen auf später verschoben. Die jetzt Geld verdienten, fuhren später Neuwagen, die mit Abitur traurige Klapperkisten, die kaum den nächsten TÜV überlebten.

Wir interessieren uns für unsere Umwelt

Als wir elf Jahre alt wurden, wussten wir nicht mehr, ob wir noch Kinder oder schon Erwachsene waren. Freundinnen hatten Mutters Schminktopf bereits an sich selbst und vordem an Puppen ausprobiert. Richtige Kerle hatten die erste Rasur mit Vaters altem Nassrasierer und viel Rasierschaum hinter sich, aber letztlich waren das nur Spiele. Mit zwölf fanden Mädchen gleichaltrige Jungen kindisch und unerträglich und Knaben hatten Spaß daran, Mädchen zu ärgern, wollten mit ihnen ansonsten aber nichts zu tun haben. Unsere Kleidung hatte sich verändert, wir entschieden zunehmend beim Kauf mit. Blue

Jeans hatten karierte Stoffhosen abgelöst und wir fingen an, uns für unsere Frisuren zu interessieren. Ganz im Gegensatz dazu gab es vieles, das über Radio und Fernsehen auf uns einstürmte, uns nicht oder noch nicht interessierte. Als am ersten Januar 1976 eine Verordnung in Kraft trat, die Autofahrer zum Anlegen des Sicherheitsgurtes verpflichtete, interessierte uns das nur am Rande. Unsere Eltern schnallten sich auf den Vordersitzen ihrer Autos an und wir mussten uns ebenso verhalten, wenn wir neben ihnen saßen, das war schon alles. Anfangs hagelte es elterliche Ermahnungen, sich sofort anzuschnallen, sonst würden sie nicht losfahren, dann hatten wir uns ans Anschnallen gewöhnt und vergaßen, dass es neu war. Als das Bundeskabinett am siebten April 1976 beschloss, zusammen mit Großbritannien und Italien die Produktion des Kampfflugzeuges „Tornado" zu beginnen, jubelten einige Jungen und verkündeten allen, die es hören wollten, Deutschland sei mit diesen Flugzeugen das stärkste Land der Welt. Dass das umstrittene Luftfahrzeug nur gebaut wurde, weil sein Vorgänger, der „Starfighter", ständig abstürzte, war dabei zweitrangig. Als dann aber der Bundestag am 14. Juni 1976 das neue Eherecht verabschiedete, waren einige von uns davon betroffen. Weil Scheidungen nicht mehr mit der Schuld eines Partners, sondern mit dem Scheitern der Ehe begründet wurden, wagten mehr Frauen als in den Jahren zuvor, vor den Scheidungsrichter zu treten. Auch der Unterhaltsanspruch unserer Mütter wurde neu geregelt, was einige von uns in den folgenden Jahren zu Scheidungskindern werden ließ. Als am 19. Juni desselben Jahres König Karl XVI. Gustav von Schweden die

Fahrrad reparieren können wir allein.

deutsche Stewardess Silvia Sommerlath heiratete, wurde die Feier in Stockholm zu einem Medienereignis, das einige Mädchen in der Schule unbedingt nacherzählen mussten.

Der Fernsehapparat hatte damals bereits großen Einfluss auf das, was wir über die Welt wussten und von ihr mitbekamen, aber oft ließen uns die Erwachsenen mit den neuen Informationen allein.

Als schließlich am 10. Juli 1976 durch eine Explosion in einem Chemiewerk im oberitalienischen Seveso eine der größten Umweltkatastrophen dieses Jahrhunderts ihren Anfang nahm, wussten wir nicht, was das zu bedeuten hat. Die Wochen später herausgegebene Mitteilungen, dass hochgiftiges TCDD (Dioxin) frei geworden sei, dies in kleinen Mengen Verätzungen der Haut auslöse, Schädigungen innerer Organe hervorrufe, ungeborenes Leben schädige und zu Veränderungen der Erbsubstanz führe, erklärte uns niemand. Weder Biologie- noch Chemielehrer wollten uns etwas erläutern, und unsere Eltern waren mit unseren Fragen überfordert. So blieb uns nur übrig, alles zu vergessen und noch ein bisschen hinaus zum Spielen zu gehen, solange wir noch Kinder waren und Zeit dafür hatten.

Bald volljährig?

Am ersten Januar 1975 wurde in der Bundesrepublik das Volljährigkeitsalter von 21 auf 18 Jahre herabgesetzt. So einfach machte man es uns, erwachsen zu werden. Wir durften nun mit 18 Jahren wählen, Auto fahren und heiraten.

Wer 13 Jahre alt ist und den Tag herbeisehnt, an dem man, praktisch über Nacht, endlich erwachsen ist, weiß eine solche Regelung zu schätzen. Dass wir keine Kinder mehr waren, deutete sich schon im Schwimmverein an, wo Männlein und Weiblein noch zusammen trainiert wurden. Bald sollten wir nach Leistungsklassen und vor allem nach Geschlecht getrennt werden, aber noch hatten wir Zeit, uns gegenseitig neugierig im Badeanzug zu beäugen und uns mit anderen zu vergleichen. Orientierung für die Zeit, die kommen sollte, fanden wir außerdem im Versandhauskatalog, Kino, der Eisdiele, in Frauenzeitschriften, im Fernsehen und in der „Bravo". Die erste Verliebtheit blühte noch im Verborgenen und war eine Zeit der roten Köpfe, peinlichen Bemerkungen und des verlegenen Stotterns. Natürlich war man clever genug, jüngere Geschwister mit einem Vorwand zu den Angebeteten zu schicken, oder besser Bruder oder Schwester dort einladen zu lassen und dann unauffällig mitzukommen, aber solche Annäherungsversuche gingen immer schief. Noch war nicht klar was wichtiger ist, eine Runde auf dem Jahrmarkt in der Geisterbahn zu fahren oder draußen bei der großen Liebe stehen zu bleiben. Die meisten von uns entschieden sich noch einige Jahre lang für die Geisterbahn.

Der neue Trimm-Dich-Pfad war ein Riesenspaß.

Trimm-Dich-Pfad

In den 70er Jahren war ein eigener Trimm-Dich-Pfad der Stolz der Gemeinde. Irgendwo am Ortsrand im Grünen wurden an einem extra angelegten Weg ein Reck und vielerlei Trimm-Dich-Gerät aus Holz aufgestellt. Der Sport- oder Heimatverein rief alle Freiwilligen zusammen, die in wochenlanger Arbeit den Rundkurs anlegten. Sie bauten Trimmgeräte aus Holz, sammelten Geld und kauften Turngeräte aus Metall. Es gab Keulen, die gestemmt werden mussten, Stationen für Rumpfbeugen und andere Gymnastik. Um alle 20 Trimmstationen durchzuturnen, brauchten wir, je nach Leistungsfähigkeit, eine halbe oder ganze Stunde. Für uns waren die Sportgeräte ein großer Spaß. Wir wetteiferten miteinander, wer der Sportlichste war, nahmen das aber nicht ernst. Der

Sportverein nutzte den Pfad wenigstens einmal pro Woche, um mit der Frauen- oder Kindergymnastikgruppe dort zu turnen. Jugendliche mieden die Pfade und vergnügten sich lieber mit ihren Mofas. Manchmal trafen sie sich am Trimm-Dich-Pfad zum Bier trinken. Die bei Älteren beliebten Dauerläufe mit Trimmeinlagen am Pfad wurden von der Jugend mit mildem Lächeln bespöttelt.

1970 startete der Deutsche Sportbund in Berlin eine Aktion, die die Bevölkerung aufforderte, sich durch sportliche Betätigung körperlich fit zu halten. Diese „Trimm-Dich-Aktion" sollte dem allgemeinen Bewegungsmangel der Deutschen entgegenwirken. Dazu gehörte auch der jährliche Trimm-Trab ins Grüne. Die zentrale Veranstaltung zur Eröffnung der Trimm-Trab-

Saison war ein langsamer Dauerlauf in einer großen Gruppe Freizeitsportler. Später wurde aus der altväterlichen Trimm-Trab-Bewegung die moderne Joggingwelle.

Krieg der Sterne und Samstagnacht

Wir waren 14 Jahre alt, als einige einen dummen Krieg auf dem Schulhof begannen. Es ging darum, wer den Film „Krieg der Sterne" von Georg Lucas im Kino gesehen hatte und wer nicht. Wer den Film nicht kannte, wurde zum Außenseiter gestempelt, weil er nicht mitreden konnte. Das Science-Fiction-Märchen war 1977 der Anfang eines Trends zu Großproduktionen mit aufwendigen Spezialeffekten. Der Film, ein enormer Kassenschlager, bekam mehrere Oscars und gilt als Klassiker des Genres. Die Streitsucher hatten noch ein Argument, einige von uns auszuschließen. Es hieß „Saturday

Krieg der Sterne: Roboter, Könige, Helden.

Night Fever" (nur Samstagnachts) und war ein Tanzfilm mit John Travolta in der Hauptrolle. Wer den Discotänzer nicht kannte, hatte bisweilen brutalen Spott zu ertragen. Der US-amerikanische Film zeigte 1977 viele Disco-Tänze, die in zahlreichen deutschen Discotheken nachgemacht wurden und eine regelrechte Disco-Welle einleiteten.

„Licht aus! Spot an!"

Die einen liebten und vergötterten sie, die anderen fanden ihre Musik dort nicht wieder. Die Sendung „Disco" spaltete uns von 1971 bis 1982 insgesamt 133-Mal in Bekenner und krasse Gegner der Show. Unbestreitbar war die Darbietung mit frechen Sprüchen von Moderator Ilja Richter für ein Millionenpublikum der Hit. Mit einer bunten Mischung aus Schlager, Pop, Rock, aktuellen Songs und Oldies, Hits und Sketchen machte Richter alte und junge Deutsche zu treuen Fans.

Iljas traditionelle Begrüßung „Hallo Freunde!" wurde von seinem Studiopublikum mit „Hallo Ilja!" beantwortet und gab manchem Fernsehzuschauer das Gefühl, dazuzugehören. Wir konnten einen Teil seiner Sprüche zu Hause vor dem Gerät mitsprechen. Manche spielten sich Tag für Tag in der Schule als Ilja Richter auf, kopierten ihr Idol und hielten das einige Jahre durch. Mit Stars wie T. Rex, The Sweet, Gary Glitter, Neil Diamond, Cat Stevens, Cliff Richard, Marianne Rosenberg, Michael Holm, Christian Anders, Boney M., Amanda Lear, Falco und Spider Murphy Gang schrieb die Show Fernsehgeschichte. Sie war eine der erfolgreichsten und langlebigsten Musikshows und hat bis heute Kultstatus.

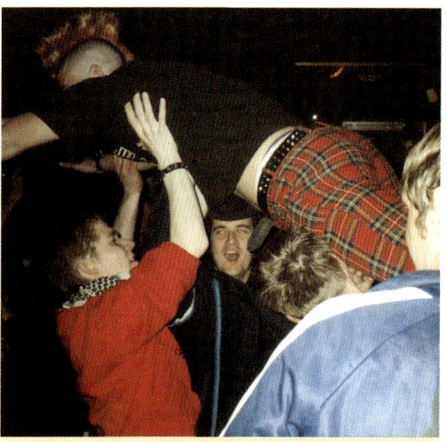

Der Punk geht ab

Etwa 1977 kommt etwas völlig Neues aus England: Die englische Punk-Band „Sex Pistols" versucht mit bewusst einfacher, aggressiver Musik und provokantem Gestus die eingefahrenen Strukturen des Popbusiness zu irritieren. Sie bedienen sich einer perfekt gestalteten Antiästhetik zum geläufigen Musikgeschmack. Ab 1976 erobern sie mit provokanten Texten, skandalösen Bühnen- und Medienauftritten und einem harten gitarrenorientierten Sound ihr junges Publikum und entwickelt sich zum Vorbild der Punkbewegung.

Die Abba-Manie

Am 6. April 1974 gewann die unbekannte schwedische Popgruppe Abba mit dem Song „Waterloo" den Grand Prix de la Chanson. Prompt entfacht sie damit unter uns wieder einen Glaubenskrieg. In den folgenden sieben Jahren erspielte das Quartett mit seinem typischen, weichgespülten Popsound 13 Top-Five-Hits in England, darunter sechs Number Ones. Der Erfolg der zwei Frauen und Männer gab den Abba-Fans Recht. Sie wussten,

wer Abba liebt, ist immer auf der Seite der Gewinner. Die Gestaltung des Bandnamens aus den Anfangsbuchstaben der Mitglieder galt unter Abba-Fans als geniale Idee. Spätestens seit der Veröffentlichung der Single „SOS" 1975 genoss die Gruppe Superstarstatus und bestätigte damit jeden Fan in seiner bedingungslosen Verehrung. Als die Band mit den Liedern „Voulez-vous" und „Super Trouper" weitere internationale Erfolge feierte und astronomisch viele Platten verkaufte, glaubten die Abba-Fans, sie hätten den Krieg für den Rest ihres Lebens gewonnen. Sogar in der spärlich bemusterten Plattenabteilung des nächsten Elektroladens fanden sie alles, was Abba zu bieten hatte. Dieser wurde von den Jüngern jeden Tag nach der Schule angesteuert, um sich mit den neuesten Scheiben einzudecken oder wenigstens damit angeben zu können, dass man diese schon in der Hand gehabt habe. Bis heute, und das gibt allen, die damals für eine Abba-Platte gestorben wären, Recht, wurden weltweit 180 Millionen Tonträger verkauft.

Drogen nehmen nur die anderen

Um uns herum kochte in den späten 70er Jahren ein Problem hoch, das uns nicht betraf und für das wir zu jung zu sein schienen. Es gab zwar männliche Aufschneider unter uns, die auf Klassenfahrten heimlich bis kurz vors Koma soffen und sich später in den Bus erbrachen, aber das waren Ausnahmen. Waren in der Hippiegeneration weiche Drogen wie Marihuana und LSD modern gewesen, so nahmen junge Menschen in den letzten Jahren zunehmend harte Drogen wie Heroin und Kokain, die echtes Suchtpotential bargen. Als wir 14 Jahre alt waren, waren bei uns nur Zigaretten modern. Viele rauchten regelmäßig und wer nicht mitmachte, wurde verspottet. Vereinzelt machte sich unter den Rauchern mancher für Hasch stark und glaubte dadurch den anderen, den „Kindern", überlegen zu sein. Doch echte Probleme gab es nicht. Traditionell wurde zwar zur Konfirmation, nach der Feier, gemeinsam gesoffen, bis die ersten umkippten, aber da konnte man sich raushalten.

Je älter wir wurden, umso stärker bestimmte der Alkohol jedoch die Freizeitgestaltung. Saufen war Ehrensache und gehörte besonders unter den jungen Männern dazu. Mädchen soffen nicht, und wenn doch, galten sie als Schlampen. Dass es eine immer größere Gruppe nur wenig älterer Jugendlicher gab, die an Heroinsucht starben, war für uns weit weg. Es gingen Gerüchte um, man kannte Discotheken, die Drogenumschlagplätze sein sollten, aber das war schon alles. Doch je öfter, mehr und härter gesoffen wurde, umso neugieriger wurden manche, echte Drogen zu probieren. Auch ging es bei Gesprächen und Aufschneidereien immer öfter um Überlegenheit und Macht: Wer am meisten soff, ohne zu kotzen, war der Größte, wer am meisten rauchte, ein Held, wer andere dazu brachte, mächtig. Einige lebten ihre Aggressionen aus, indem sie andere zwangen, bis zur Bewusstlosigkeit zu saufen. Dritte brüsteten sich mit dem Stehlen von Schnaps und weiteren harten Gesöffen. Die Kiste Bier wurde bei mancher Clique zur Eintrittskarte. Wer keine dabei hatte und spendierte, kam nicht rein, war Außenseiter und konnte nur mithalten, wenn er stattdessen Schnaps mitbrachte.

So schaukelte sich der Konsum von Alkohol und Nikotin immer weiter hoch und irgendwann überschritten einige die Schwelle und rauchten regelmäßig Hasch und probierten LSD.

Christiane F. – ein trauriges Schicksal

1978 veröffentlicht die Illustrierte „Stern" unter dem Titel „Wir Kinder vom Bahnhof Zoo" ein Tonbandprotokoll, in dem die 16-jährige Christiane F. ihre Drogen-Karriere in West-Berlin schildert. Kai Hermann und Horst Rieck hatten die junge Fixerin und Prostituierte interviewt. Christiane, aufgewachsen in der Berliner Gropiusstadt, kommt 1975 als 13-Jährige mit der Berliner Drogenszene in Kontakt und wird heroinabhängig. Das gleichnamige Buch erregt weltweit Aufsehen und wird ein trauriger Erfolg. Der Film zur wahren Geschichte folgt 1981.

BRAVO: Pflichtlektüre für den, der mitreden wollte

Es gab unter uns einige, die niemals ein Buch lasen, keinesfalls Zeitung und nie eine Illustrierte. Sie meinten, das haben sie nicht nötig, da sie als moderne Menschen vom Fernsehen bestens informiert würden. Aber eine Ausnahme gab es, und bei dieser ließen sie nicht eine Nummer aus und sammelten die Hefte: „Bravo". Hier wurden sie früh über sexuelle Probleme aufgeklärt, das Leben der Stars und Sternchen und aktuelle Mode. Es gab Poster und Starschnitte zum Sammeln, massenweise Bilder und jede Menge Unterhaltung. „Bravo" trennte die Geschlechter nicht, Mädchen verschlangen sie genauso wie Jungen. Das wirklich Wichtige war

Apfelshampoo und Deospray

die sexuelle Aufklärung, Tipps fürs Bett und den Tag danach, Flirttricks, Anmachratschläge und Psychotest zum Thema. Wer mit 14 Jahren „Bravo" las, hatte spätestens mit 16 den ersten Sex, wer früher zu lesen begann, entsprechend früher. Weil „Bravo" so freizügig war, wurde Sex, das wie, wann und wie oft zu einem Thema, mit dem alle versuchten zu prahlen. Jeder behauptet das, was er in „Bravo" gelesen hatte, schon selbst erlebt zu haben. Einige versuchten sich bereits mit 15 Jahren als sexuelle Fachmänner, deren Erfahrungshorizont den ihrer Eltern und Klassenkameraden angeblich weit übertraf. Wer „Bravo" las konnte mitreden, war selbst ernannter Sexexperte und verachtete die, die mit 18 Jahren noch Jungfrau waren.

Die bunte Illustrierte ist die größte Jugendzeitschrift im deutschsprachigen Raum. Das Magazin erschien 1956 zum ersten Mal und ist seitdem für viele Jugendliche nicht mehr aus ihrem Leben wegzudenken. Manche Familien haben jahrelang mit dem Magazin gelebt, einige Eltern haben es gelesen und später haben wir es verschlungen.

Wir begannen, uns immer mehr für unseren Körper zu interessieren und bemerkten entsetzt, dass wir anfingen, unangenehm zu riechen, weil wir in die Pubertät kamen. Diese zwei Faktoren führten entweder zur völligen Gleichgültigkeit seinen Körperausdünstungen gegenüber, die als gottgegeben hingenommen wurden oder zur verzweifelten Suche nach Abhilfe. Die meisten von uns wurden innerhalb weniger Wochen zu Deospray-Experten. Stifte zum Rollen von „bac" oder „8x4" konkurrierten mit diversen Sprays. Meistens machten früher oder später Spraydosen das Rennen, weil ihr Inhalt nicht so klebte, wie der der Stifte. Wir sprayten was das Zeug hielt und verbrauchten morgens, mittags und nachmittags Unmengen an Deospray. Einige gingen nie ohne ihr Deo zur Schule. Bald begann ein Konkurrenzkampf, wer das teuerste Deospray im Schulranzen hat. „My Melodie" gehörte jahrelang in all seinen Duftnoten zu den Favoriten der Mädchen. Unter Jungen hatten sich Wohlgerüche noch nicht durchgesetzt. Hier wanderte zwar nach dem Sportunterricht ein einziger Deostift von einem zum anderen, aber mancher zog es vor, deftig zu riechen. Die Ansicht darüber, was angemessene Körperpflege ist, war einige Jahre zwischen Männern und Frauen vollkommen verschieden. Während Mädchen Drogerieabteilungen der Kaufhäuser stürmten und alle Parfüms testeten, war bei Jungen ein mit Schauma-Shampoo gewaschener Haarschopf das Maximum an Wohlgeruch. In diesen Jahren eroberte Apfelshampoo die deutschen Bade-

Bundesjugendspiele gehörten jahrelang zum Schulsport.

Bundesjugendspiele und Terrorismus

zimmer. Es war für die ganze Familie gedacht. Wer fruchtig nach grünem Apfel roch, konnte sicher sein, als frisch gewaschen zu gelten. Bei Jungen, die das Zeug und den Geruch hassten, führte das zu ekligen Tricksereien. So meinte mancher, er könne das Waschen ausfallen lassen, wenn er sich großzügig mit Apfelshampoo parfümierte.

Das Ozonloch

Am ersten April 1975 melden US-amerikanischer Wissenschaftler, der Ozonmantel der Erde sei gefährdet. Er schützt vor den ultravioletten (UV) Strahlen, die Hautkrebs verursachen können. Längerfristig kann die Zerstörung der Ozonschicht Klimaveränderungen herbeiführen. Besonders das in Spraydosen verwendete Treibgas greift die Ozonschicht an. Ein Thema, das damals aufkam und uns noch weitere Jahrzehnte beschäftigen wird.

In den Jahren, als die RAF Bomben schmiss, wetteiferten wir auf Druck unserer Lehrer im Sportunterricht miteinander; als die RAF Menschen entführte, auf Druck unserer Eltern im Sportverein; und als am neunten Mai 1976 die RAF-Terroristin Ulrike Meinhof erhängt in ihrer Zelle aufgefunden wurde, zum ersten Mal bei den Bundesjugendspielen.

Laut Angaben der Gefängnisleitung beging Meinhof Selbstmord. Doch nachdem ihr Tod bekannt wurde, kam es im In- und Ausland zu Gewalttätigkeiten und Protestkundgebungen. Der Verdacht kursierte, es habe sich nicht um Selbstmord gehandelt, und man stellte die Frage nach der Mitschuld der Polizei beziehungsweise des Staates. Über diesen brisanten Stoff stritten Zehnjährige, von denen zwei im Fernsehen die Nachrichten verfolgt hatten und die anderen nicht. Die, die Nachrichten geguckt hatten, wussten, wer Ulrike Meinhof ist, die anderen nicht. Und da gerade Bundesjugendspiele waren, erzählte man den Unwissenden, Meinhof sei eine berühmte Sportlerin und verbot ihnen für den Rest des Tages den Mund, mit der Begründung, sie seien zum Reden zu dumm. Da die Kinder, die keine Nachrichten gesehen, sondern draußen gespielt hatten, nun glaubten, Ulrike Meinhof sei eine berühmte Sportlerin, prophezeiten man ihnen, sie würden niemals Abitur machen, da sie sich nicht für Politik interessierten. Da die Unwissenden sich nicht den Mund verbieten ließen und weiterredeten, drohte man ihnen, wenn sie nicht ruhig seien, würden sie genauso sterben wie Ulrike Meinhof. Die, die Nachrichten geguckt hatten, nahmen sich vor, Abitur zu machen und Politiker zu werden, damit sie mächtig seien und deshalb keine Menschen wie Meinhof mehr auf der Welt leben könnten. Damit sie in die Politik gehen könnten, wollten sie dafür sorgen, dass die anderen kein Abitur machten und deshalb auch niemals Politiker würden.

Hobby oder Berufung: Rock- und Popstar

Mit 14 Jahren hatten wir unsere wildesten Jahre beinahe hinter uns. Unsere Lehrer hatten harte Zeiten durchlebt, als wir in der siebten und achten Klasse waren. Sie hatten keine ruhige Minute gehabt, waren kaum gegen den Höllenlärm angekommen, den wir gemacht hatten und pausenlos mit Apfelsinenschalen, Apfelstückchen und Papierkügelchen bombardiert worden. Manche Lehrkraft hatte sich deshalb vor Ende des Schuljahres krankschreiben lassen und wir bekamen schulfrei.

Schlagzeuger Marky Ramone, musikalisches Vorbild seit 1974.

Dann wurden wir ruhiger, erwachsener und ernsthafter und widmeten uns unseren Hobbys. Musik war uns seit Jahren wichtig, mancher Popstar wurde glühend verehrt und einige spielten ein Instrument. Was lag näher, als eine Band zu gründen. Mancher konnte sich zwar nicht zwischen Fußballplatz und Übungsraum entscheiden und gab das Musizieren deshalb bald wieder auf, andere aber blieben dabei. Viele träumten von einer Zukunft als schwerreicher Popstar, und mancher machte den ersten Schritt in diese Richtung, indem er sich die Haare lang wachsen ließ. Bei einigen war das alles, was sie bereit waren für ihre Karriere zu tun. Andere übten diszipliniert dreimal die Woche im Übungskeller. Wieder andere hielten sich für Genies und verzichteten aufs Üben. Manche hatten bald erste Auftritte und verteilten Autogramme. Andere hatten nur einen Auftritt. Mädchen hatten es in den meisten Bands nicht leicht. Noch wurden sie hauptsächlich zum Jubeln gebraucht, nur vereinzelt durfte eine Frau singen und wurde als Bandmitglied akzeptiert. Jungen Männern war es lieber, wenn die Mädchen vor der Bühne standen und sie bewunderten. Dafür legten sie sich ins Zeug, schmissen Schlagzeuge um oder ließen Gitarren durch die Luft kreisen. Nur wenige waren hartnäckig genug, hofften nicht auf schnellen Ruhm, übten zäh und machten tatsächlich jahrelang Musik. Die anderen ließen sich nach dem Konzert mit hübschen Mädchen im Arm fotografieren, sammelten diese Bilder, gaben damit an und schlugen sich den Traum, Rock- oder Popstar zu werden aus dem Kopf, nachdem sie merkten, dass harte Arbeit damit verbunden war.

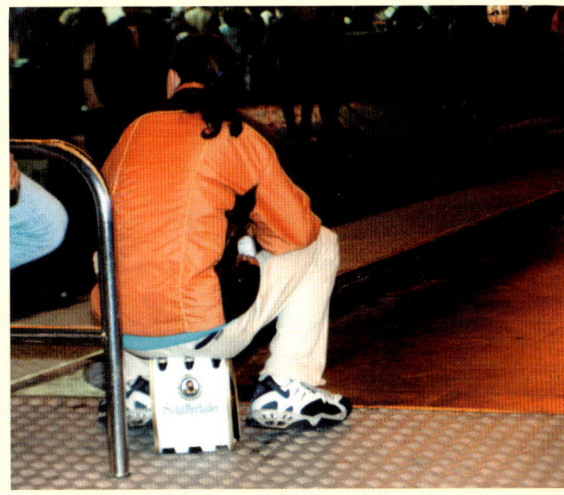

Warten, bis die Mädchen kommen.

Heute Abend am Autoscooter!

Wer nach einer Gelegenheit suchte, sich dem anderen Geschlecht unauffällig zu nähern, wartete jedes Jahr gespannt auf den Jahrmarkt. Bei Einbruch der Dunkelheit trafen sich dort alle Teenager des Ortes am Autoscooter. Die Bude mit kleinen Elektroautos war besonders bei denen beliebt, die noch keinen Führerschein hatten und endlich zeigen konnten, was sie fahrerisch drauf hatten. Der Scooter bot neben dröhnender Musik die Möglichkeit, durch waghalsige Fahrmanöver Aufmerksamkeit auf sich zu lenken. Scheinbar absichtslos donnerten Jungen mit ihren Wägelchen in voller Fahrt auf die Wagen der Mädchen, die das mit ohrenbetäubendem Kreischen quittierten. Nach Ende einer solchen Runde konnten die tollkühnen männlichen Rennfahrer sich ohne Verdacht zu erregen bei den jungen Damen entschuldigen und sie zu Fanta, Kirmesbier oder einer Fahrt im eigenen Wägelchen einladen. Gemeinsame Fahrten galten als Krönung eines gelungenen

Jahrmarktabends. Die jungen Männer bezahlten stundenlang neue Runden und fuhren mit ihrer Eroberung im Wagen im Kreis. Dabei schnitten sie mächtig auf, prahlten mit ihrem Können und versuchten die männliche Konkurrenz durch besonders halsbrecherische Fahrmanöver in die Ecke des Feldes abzudrängen. Die Damen hatten das zu loben, den jeweiligen Fahrer für einen Held zu halten und bedingungslos zu bewundern. Hübsche Mädchen verbrachten auf diese Weise mehr oder weniger unfreiwillig ganze Abende in den Wägelchen, ohne ein einziges Mal ans Steuer zu dürfen. Ungefährlich war der Spaß jedoch nicht. Es gab regelmäßig blaue Flecken, Prellungen, Verstauchungen und ab und zu echte Unfälle. Da immer ein paar Mädchen darum konkurrierten, wer oft und möglichst lang im Autoscooter herumgefahren wird, glaubten jedes Jahr einige Herren, sie hätten auf diese Weise schon die Frau fürs Leben gefunden. Gewöhnlich hielt das junge Glück nicht länger als der Jahrmarkt dauerte, und im folgenden Jahr begann das Spiel von vorn.

Adidas-Turnschuh und Friedensbewegung

15. bis 18. Lebensjahr

Der erste Smogalarm

Smogalarm im Ruhrgebiet, damit begann das Jahr 1979. Am 17. Januar wurde zum ersten Mal in der Geschichte der Bundesrepublik wegen zu hohen Schwefeldioxidgehalts in der Luft Smogalarm ausgelöst. Was das bedeutete, wussten wir nicht. Deshalb spekulierten wir, dass man Husten bekäme, nicht mehr Auto fahren dürfe und stellten fest, dass es uns nicht betraf. Das Ruhrgebiet war weit weg, in unserer Gegend gab es kaum gefährliche Fabriken, daher wollten wir uns nicht dafür interessieren.

Doch von uns weitgehend unbemerkt war in den letzten Jahren eine Umweltbewegung entstanden, die nun in Erscheinung trat. Diese Menschen interessierten sich für Smog, Atomkraft und Naturzerstörung. Bereits Mitte der sechziger Jahre entwickelte sich eine Naturschutzbewegung in den USA, aus der die Umweltbewegung hervorging. Diese richtete sich gegen die Zerstörung der Natur durch Industrie und Chemikalien. 1971 wurde Greenpeace in Kanada gegründet, zehn Jahre später entstand deren deutscher Ableger.

Die deutschen Studentenproteste um 1968 waren ein weiterer Anstoß für eine breite Bürgerbewegung. Die Entwicklung der Ökologiebewegung führte 1980 zu der Gründung der Bundespartei „Die Grünen".

Chronik

1. Februar 1979
Der iranische Schiitenführer Ajatollah Ruhollah Khomeini kehrt nach 15 Jahren Exil aus Paris in den Iran zurück. Am 5. Februar proklamiert er die „Revolutionsregierung" unter der Führung von Mehdi Bazargan.

28. März 1979
Im Kraftwerk Three Mile Island bei Harrisburg/Pennsylvania, passiert der bisher schwerste Störfall in der Geschichte der Kernenergie.

13. Januar 1980
Die Partei Die Grünen wird auf einem Kongress in Karlsruhe als Bundespartei gegründet. Am 23. März legt sie in Saarbrücken mit den Schlagworten „ökologisch, basisdemokratisch, sozial, gewaltfrei" die Grundzüge ihrer Politik fest.

6. April 1980
In der Bundesrepublik Deutschland gilt erstmals die Mitteleuropäische Sommerzeit.

8. Dezember 1980
Ex-Beatle John Lennon wird von einem Fan ermordet.

20. Januar 1981
Ronald Reagan wird 40. Präsident der USA. 70 Tage nach seinem Amtsantritt wird ein Attentat auf ihn verübt, bei dem er schwer verletzt wird.

20. Januar 1981
Der Schriftsteller Günter Wallraff gewinnt den Rechtsstreit gegen den Axel-Springer-Verlag wegen der in seinem Buch „Der Aufmacher" veröffentlichten Anschuldigungen gegen die Bild-Zeitung.

29. Juli 1981
Die Heirat von Prince Charles und Lady Diana gilt als Traumhochzeit.

15. Januar 1982
Der Hessische Staatsgerichtshof lehnt das Volksbegehren gegen den Bau der Startbahn-West am Frankfurter Flughafen ab. Deshalb kommt es am 30./31. Januar in Frankfurt zu weiteren Demonstrationen mit Übergriffen zwischen Polizei und Startbahn-Gegnern.

1. Oktober 1982
Nach einem Misstrauensvotum gegen Helmut Schmidt wird Helmut Kohl zum neuen Bundeskanzler gewählt.

23. März 1983
US-Präsident Ronald Reagan plant mit seinem SDI-Programm die Militarisierung des Weltraums. Die militärische Balance der Supermächte wird dadurch gefährdet.

Verreisen im Familienclan.

Ins Zeltlager oder Urlaub mit den Eltern

Für die wenigen von uns, die keine Geschwister hatten, war mindestens eine Auslandsreise im Jahr mit den Eltern Pflichtprogramm. Sie reisten schon mit vier oder fünf Jahren in ferne Länder und behielten das Vergnügen der jährlichen Italienreise mit Mama und Papa bei, bis sie volljährig waren. Die anderen fuhren seltener, machten vielleicht bis sie 18 waren fünfmal Skiurlaub mit den Eltern, blieben dafür aber im Sommer zu Hause. Während bei den begüterten Einzelkindern vor jedem Sommerurlaub Fragen anstanden, wie etwa, nehmen wir die Ferienwohnung in Italien mit oder ohne Mietwagen? Fahren wir Sylvester nach Rom?, fanden sich andere alljährlich im örtlichen Freibad wieder. Eine Alternative waren städtische Zeltlager, irgendwo an Ost- oder Nordsee. Man fuhr für drei Wochen mit 200 Gleichaltrigen, streng nach Geschlechtern getrennt, und bekam vor Ort ein buntes und billiges Programm geboten. Neben den Zeltlagern im Sommer gab es im Winter Angebote der Kirchengemeinde, die für einen moderaten Preis zum Skifahren einlud.

Mit Kind und Kegel und Fahrrädern ging's in den Urlaub.

Einzelreisen ohne Eltern standen bei uns nicht auf dem Programm, wir mussten damit warten, bis wir erwachsen waren. Unsere Eltern entschädigten uns mit Wanderurlauben und Kurzreisen, die einen Tag dauerten, aber keine Übernachtung beinhalteten. Eine weitere Alternative waren Jugendherbergen, die mit und ohne Eltern besucht wurden, je nachdem, für welches Programm man sich angemeldet hatte. Wochenendkurse fanden ohne Eltern statt, mehrwöchige Radtouren schlossen Elternbegleitung ein. Bildungsurlaube, die im In- und Ausland für ein bis zwei Wochen Bildung, Unterhaltung und Kontakte versprachen, waren ebenfalls in Mode. Diese galten jedoch als wenig schick, zu anstrengend und der Bildung wegen als sterbensöde. Hier trafen sich Menschen, die politisch interessiert und bereit waren, sich zu engagieren. Sie fuhren in die DDR, verbrachten dort einige Zeit und kamen ab und an mit ihrer Gruppe zurück. DDR galt irgendwie als superschräg, Italien konnte da nicht mithalten.

Der einzig wahre Schuh

Wir waren gegen Uniformen und uniformiertes Auftreten und dennoch trugen alle beinahe exakt die gleichen Schuhe. Es gab für uns jahrelang nur Adidas-Turnschuhe und es war beinahe undenkbar, dass jemand etwas anderes trug. Beliebt waren hohe weiße Stiefel mit drei Streifen, und wer nur Auslauf- und Billigmodelle kaufte, war „out". Wir hatten zahllose praktische Gründe, warum es gerade diese Schuhe sein müssen. Wenn die nicht zogen, erklärten wir unseren Eltern, dass jeder, wirklich absolut jeder, Adidas-Schuhe trägt. Solche Betteleien hatten in der Regel keinen Erfolg und wir mussten uns unsere Turnschuhe vom Taschengeld kaufen. Das war eine logistische Herausforderung, weil wir als Schüler nur sehr wenig Geld hatten. Lehrlinge hatten es leichter, sie hatten Geld genug, Schüler aber mussten eisern sparen, mit dem Rauchen aufhören oder auf Platten verzichten, um Trendschuhe tragen zu können.

Das deutsche Unternehmen Adidas produziert Sportartikel und Freizeitbekleidung. Seit 1949 haben alle von Adidas hergestellten Produkte die berühmten drei Querstreifen. Der große Aufschwung begann für den Betrieb, nachdem die deutsche Fußball-Nationalmannschaft mit Adidas-Schuhen Weltmeister geworden war. Ab 1967 produzierte die Firma auch Sportbekleidung. Bis Anfang der 90er Jahre war sie der weltweit größte Sportartikelhersteller, dann übernahm der amerikanische Hersteller Nike diese Position.

Im Sommer, Herbst und Winter trugen wir Adidas.

Friedensdemo auf dem Hambacher Fest 1982.

Die 80er Jahre
waren friedensbewegt

Wer in den frühen 80er Jahren politisch wach war, in Schule oder Uni mit anders Denkenden stritt und auf sich hielt, fuhr am 10. Oktober 1981 und am zehnten Juni 1982 nach Bonn zur Friedensdemonstration. Die gemeinsamen Demonstrationen zahlreicher Bewegungen waren ein friedliches Großereignis, an dem jeweils mehrere hunderttausend Menschen teilnahmen und wir waren mittendrin.

Zu jeder Meinung gab es passende Sticker.

Früh morgens bestiegen 300 000 Menschen in ganz Deutschland Schüler, Studenten, Hausfrauen und alle, die sich einen Tag frei nehmen konnten, in ihrer Heimatstadt den Zug und fuhren als Gruppe in die Hauptstadt. Dort waren wir den ganzen Tag auf der Straße, marschierten, hörten Kundgebungen, skandierten Parolen und sangen Lieder, um spät am Abend erschöpft nach Hause zu reisen. Als engagierte Bürger waren wir auch in der Ostermarschbewegung aktiv, liefen jedes Jahr Ostern mit Hunden, kleinen Kindern und Freunden die langen Strecken durch die Stadt oder von Dorf zu Dorf mit. Kinder und Mütter mit Babys in Tragetuch oder Kinderwagen gehörten zum Bild der Demos. Obendrein waren wir in Bürgerinitiativen und Umweltgruppen, waren gegen Atomkraft und diskutierten samstags am

Politische Songs für feiernde Massen.

Kernkraftgegner

Seit Mitte der 60er Jahre gingen wirtschaftlich genutzte Kernkraftwerke ans Netz. Sie galten als sichere, umweltfreundliche und wirtschaftliche Möglichkeit zur Lösung des Energieproblems. Nach der Ölkrise 1973 plant die Bundesregierung den großzügigen Ausbau der Kernenergie, um den prognostizierten, ständig steigenden Energiebedarf zu sichern. Bis 1985 sollen 40 neue Atommeiler gebaut werden. Aber bereits 1975 kommt es zur ersten großen Protestaktion von Atomkraftgegnern in der Bundesrepublik. Protestiert wird gegen den Bau eines Kernkraftwerkes in der kleinen südbadischen Gemeinde Wyhl.

öffentlichen Aktionstisch mit Passanten über Abwasservermeidung, Mülltrennung und Tropenwaldabholzung. Wir liebten Buttons mit griffigen Slogans wie „Baum ab nein Danke", die wir uns als Meinungsäußerung an den Schafwollpullover hefteten.

Bereits in den 50er Jahren hatte es in der Bundesrepublik eine Friedensbewegung gegeben. Damals stritt man gegen Wiederbewaffnung der jungen Republik. Schon Mitte der 1970er gab es Proteste der Friedensbewegung gegen die Entwicklung der Neutronenbombe in den USA. Diese konnte Leben vernichten, aber Bauten und Material, die gesamte Infrastruktur, schonen. Anfang der 80er Jahre formierte sich, als Reaktion auf den Nachrüstungs-Doppelbeschluss des Nordatlantikpaktes (NATO) vom Dezember 1979, eine neue Bewegung. Hunderttausende gingen auf die Straße. Die Aktivisten wollten verhindern, dass die amerikanischen Atomwaffen, die Mittelstreckenraketen Pershing II und Cruise Missiles in Europa stationiert werden, sollten die Abrüstungsverhandlungen mit der UdSSR scheitern.

Auf Klassenfahrt

In der Oberstufe, zwei Jahre vor dem Abi und in der achten Klasse waren für uns Klassenfahrten angesagt. Die Achtklässler der vier oder fünf Parallelklassen der Schule fuhren zwei Wochen zum Skifahren in die Berge. Während der Oberstufe ging es eine Woche nach Berlin. Die Grenzer der DDR machten es einem Reisebus voller Oberschüler nicht leicht, nach Berlin zu kommen. Am Grenzübergang Herleshausen durchsuchten sie erst den Bus, während wir draußen warten mussten, dann jeden einzelnen Koffer, wobei sie sehr langsam und sehr gründlich vorgingen, dann die Toilette im Bus, dann den Gepäckraum, dann suchten sie unter dem Bus, dann untersuchten sie die Reifen, dann mussten sie sich beraten und dann untersuchten sie jeden Einzelnen von uns. Wir sahen anscheinend gefährlich aus, langhaarige Männer mit Fusselbärten, Frauen in wallenden Röcken, Strickpullovern und Latzhosen und eine Lehrerin, die zu allem Überfluss auch aussah wie ein Hippie. Wir waren offensichtlich verdächtig, vielleicht waren wir ein potentielles Sicherheitsrisiko, das versuchten die uniformierten Männer mit nervtötender Gründlichkeit herauszufinden. Wir erfuhren niemals, was sie pausenlos in ihre Notizblöcke schrieben, und sie notierten auffällig viel. Diese Prozedur war umständlich und vor allem dauerte es lange. Wir waren genervt, alles dauerte Stunden, dann war es Abend und wir noch immer 370 Kilometer von Berlin entfernt. In der DDR durften Busse auf Autobahnen nur langsam fahren, auch wenn diese aus dem Westen kamen oder gerade dann, und das bedeutete, wir hatten noch eine verdammt lange Reise vor uns. Spät nachts kamen wir schließlich an und verbrachten die folgende Woche auf dem Dachboden eines Krankenhauses, das uns eine Unterkunft bot. Neben dem üblichen Programm mit Stadtführung in West-Berlin gab es einen Tag im Berliner Osten und viele Abende in örtlichen Discos. Wir fuhren heimlich im Nachtbus, verpassten immer die offiziellen Schließzeiten der Krankenhauspforte und stürmten zum Entsetzen unserer Lehrerin billige Ostläden am Checkpoint Charlie, wo sich der männliche Teil der Klasse mit unzähligen Flaschen russischen Wodkas versorgte. Neben Wodka aus dem Laden im U-Bahn-Tunnel fanden billige Zigaretten aus der DDR bei uns so lange rei-

Lange Haare galten als subversiv und gefährlich.

ßenden Absatz, bis die ersten nicht mehr aufhörten zu husten und glaubten, sie bekämen Lungenentzündung. Weil das Zeug billig war, hatten sie doppelt so viel geraucht wie sonst und nun ging es ihnen wirklich elend. Die Rosskur mit Wodka linderte zwar die Symptome, aber die Folgen waren fatal. Ein Teil der Klasse musste sich krankmelden, litt unter Übelkeit, Erbrechen und Hustenattacken und konnte daher am Kulturprogramm nicht teilnehmen. Manche blieben jedoch unbelehrbar, lernten nicht aus ihren Fehlern und litten daher lange unter schlimmem Husten. Sie hatten so viele Ostzigaretten gekauft, dass sie später noch monatelang die Raucherecke auf dem Schulhof mit dem stinkenden Kraut einnebelten und ihren Husten nicht los wurden.

Das Damoklesschwert

Wir wurden mit der allgegenwärtigen Unsicherheit groß, dass es in unserem Land nie genug Arbeit für alle geben würde. Zwar hatten die meisten Väter noch Arbeit, aber ob wir nach Ausbildung oder Studium arbeiten würden, wusste niemand. Seit einigen Jahren wurde für höhere Löhne oder bessere Arbeitsbedingungen gestreikt, aber jetzt war neu, dass die Leute ihre Arbeit verloren und keine neue fanden. Gründe gab es viele, diese interessierten uns aber nicht, wir wollten arbeiten – doch man wollte uns nicht haben. Gleichzeitig wurden Arbeitslose als Drückeberger beschimpft, doch uns gab trotzdem niemand eine Chance. Der Arbeitsmarkt hatte sich verändert: Wirtschaftskrisen, technische Entwicklung und struktureller Wandel vernichteten seit den 70er und in den 80er Jahren Arbeitsplätze. Dazu drängten immer mehr Frauen und die geburtenstarken Jahrgänge, die älter waren als wir, in das Berufsleben. Wir konnten uns nicht aussuchen, was wir werden wollten und mussten nehmen, was es gab. Mancher von uns fand sich in der Fabrik am Band wieder, etwas, was er nicht machen wollte, aber musste, um zu überleben. Wer Arbeit hatte und nicht rausflog, behielt seine Stelle. Niemand hätte es gewagt zu kündigen, wenn er das Glück gehabt hatte, eine Stelle zu finden. Niemand traute sich ernsthaft krank zu werden und zu fehlen, denn dann war die Chance groß, dass der Chef einen anschließend nicht mehr brauchte. Wer Glück hatte, fand eine Lehrstelle und blieb danach in der Firma. Die meisten wurden aber nach der Lehre nicht übernommen. So war für uns die Lehrlingszeit oder die Zeit bis zum Abitur die einzige Phase relativer Sicherheit. Was dann aus uns werden sollte, konnte uns niemand sagen.

Frauenbewegung

Um 1968 entsteht in Auseinandersetzung mit der antiautoritären Studentenbewegung und den sozialliberalen Strömungen eine autonome Frauenbewegung. Ende der 60er und Anfang der 70er Jahre organisieren aktive Feministinnen Frauenrechtsgruppen, die auf die allgemeine Benachteiligung der Frau aufmerksam machten: Mütter gründen erste Kinderläden in der Bundesrepublik Deutschland und regen die emanzipatorische Erziehungsdiskussion an. Frauencafés, Frauenbuchläden und Frauentreffpunkte machen auf. Gewalt von Ehemännern gegen Frauen und Kinder sowie die schlechte Bezahlung von berufstätigen Frauen sind Streitpunkte.

Videospiele galten als superschicke Freizeitunterhaltung.

Videospiele erobern Partys und Jugendzimmer

In den 80er Jahren waren Videospiele ein weitgehend einsames Vergnügen. Ausgerüstet mit Fernsehgerät, einer einfachen Spielkonsole und Joystick konnten wir auf dem Bildschirm Tennis oder Fußball spielen. Die aus kleinen grünen Quadraten aufgebauten primitiven Spielfiguren bestanden nur aus wenigen Strichen. Videospiele waren zwar eine ganz heiße Sache, aber nicht sonderlich unterhaltsam, weil der Spieler nur wenige Spielzüge machen konnte. Anfangs verbrachte niemand viel Zeit mit dem simplen Vergnügen. Auf Partys wurde gegeneinander gespielt, was zu einem ernsten Kampf werden konnte, der in eine Katastrophe mündete, wenn ein ungeschickter Partygast über das Kabel stolperte und damit das Spiel ungewollt beendete. Wir konnten uns dann nicht einigen, wer gewonnen hatte und die nächsten Spieler standen schon ungeduldig Schlange. Gastgeber gaben gern mit ihren Spielkonsolen an, oft war es aber ihre Aufgabe, Streit zu schlichten, wenn zu viele Gäste nacheinander spielen wollten und über die Spieldauer stritten.

In den späten 70er Jahren erlebte die Videospielindustrie in den USA, in Europa und in Australien ihren ersten Aufschwung. Pong und andere einfache Spiele wurden an Kinder und Erwachsene verkauft. In den 80er Jahren kam es zu einem phänomenalen Wachstum des Spielmarktes. Die Spieltechnik wurde von japanischen Unternehmen wie Nintendo weiterentwickelt. Beliebte topaktuelle Spiele waren Donkey Kong und Super Mario Brothers.

Holocaust:
Der Film und die Folgen

Im Schulfach Gesellschaftskunde war der Nationalsozialismus ein halbes Jahr Thema gewesen. Das Ergebnis war, dass einige Schüler vor Entsetzen Albträume bekamen und andere anfingen „Sieg Heil" zu brüllen und ihre Mitschüler zu quälen. Besonders aggressive beschmierten ihre wehrlosen Opfer mit Hakenkreuzen und fielen mit verbalem Terror über sie her. Am 22. Januar 1979 begannen die Dritten Programme des Deutschen Fernsehens mit der Ausstrahlung der vierteiligen US-Fernsehserie „Holocaust". Die Reihe hatte Verfolgung und Mord an den Juden in der NS-Zeit zum Inhalt. Sie löste bundesweit Betroffenheit und eine neue Debatte über den Umgang mit der NS-Vergangenheit aus. Die Faschos auf dem Schulhof fühlten sich davon provoziert. Für sie war es ein weiterer Grund, die Menschen zu quälen, die sie Linke nannten. Es reichte, ihnen auf dem Flur in der Schule nicht rechtzeitig auszuweichen und man bekam Probleme. Noch waren die Rechten nicht sofort als solche zu erkennen. Ihre Frisuren unterschieden sich kaum von anderen, ihre Kleidung war unauffällig. Zu erkennen waren sie nur an ihrer Gewaltbereitschaft und ihren Sprüchen. Unsere Lehrer mischten sich nicht ein, da sie das Problem als eine pubertäre Randerscheinung einstuften. Irgendwie hatten sich alle Betroffenen geeinigt, das Phänomen zu ignorieren und die Rechten sich austoben zu lassen. Die Leidtragenden waren oft Mädchen, die angegriffen wurden, weil Frauen als minderwertig galten.

Michael Jackson

Einige von uns hatten vor Jahren einen Star entdeckt und nun schlug dieser ein wie eine Bombe. Der amerikanische Popmusiker, Sänger, Komponist und Tänzer Michael Jackson wird 1982 zum Superstar. Er bringt sein Album „Thriller" heraus, stürmt die Hitparaden, kassiert acht Grammy Awards und liefert damit das meistverkaufte Album aller Zeiten ab. Schon 1979 hat er mit dem Album „Off the Wall" einen sensationellen Erfolg in der Disco-ära gelandet. Mit seinem Debütalbum erlebt er einen kometenhaften Aufstieg. Es ist scheinbar mit knapp zehn Millionen verkauften Tonträgern kommerziell nicht mehr zu schlagen. Jackson kann längst nicht alle begeistern, aber wer früher auf Abba gestanden hatte, verehrt nun ihn und schmückt sein Zimmer mit Postern und Plattenhüllen. Seine Stimme schafft die hohen Töne spielend, was Fans entzückt und sein Moonwalk, den wir zu Hause vor dem Spiegel nachmachten, wird sofort zum Kult. Nur 23 Jahre ist er jung, als er zum unumstrittenen King of Pop wird.

Nebenbei verursacht Jackson mit dem Videoclip zum Track „Thriller" einen Zeitsprung in der Mini-Musikfilm-Industrie. Das Genre des Videoclips nimmt maßgeblich durch ihn Gestalt an.

Aus der Ferne: Von Hausbesetzern und Punkern

Es gab in den Jahren vor dem Erwachsenwerden einige Themen, die uns nur aus der Ferne erreichten. Da waren zum Beispiel Punker, die noch nicht bis in unseren Winkel Deutschland vorgedrungen waren. Wir liebten Musik von „Bauhaus" und „Smith" und hatten Achtung

Hausbesetzer im Plenum.

vor „Nina Hagen", „Bap" und „Udo Lindenberg". Über „The Cure" konnte man mit uns fachsimpeln sowie über die Musik von „ACDC". Punkmusik aber kannten wir nicht. Dass es am 29. Januar 1981 in West-Berlin zu schweren Straßenschlachten zwischen Polizei und Mitgliedern der Hausbesetzer-Szene kam, sagte uns nicht viel. Über den Anlass, einen Hausbesetzer-Prozess, in dem ein Student wegen Beteiligung an Ausschreitungen im Dezember 1980 zu 14 Monaten Haft verurteilt wurde, regten wir uns auf, aber es betraf uns nicht. Wir lebten noch bei unseren Eltern, manche Lehrlinge hatten eigene Wohnungen,

oft zu zweit oder dritt und Wohnungsnot war für uns kein Thema. Dass Hans Jochen Vogel, regierender Bürgermeister von Berlin, versuchte, mit Hilfe des Berliner Modells von Nutzungs- und Mietverträgen ein Arrangement mit der Hausbesetzerszene zu erreichen, fanden wir gut. Hausbesetzungen kannten wir nur aus den Liedern der Band „Ton Steine Scherben". Was es wirklich war, sollten die meisten von uns nie erfahren. Nur wenige zogen schon mit 17 Jahren in Wohngemeinschaften. Platz zum Wohnen gab es genug. Ob der bezahlbar und Heizung und Toilette in der Wohnung waren, war eine andere Frage.

Außerirdische Intelligenz.

E.T. – der Außerirdische

Wer ein Fan von Michael Jackson war, war in der Regel auch ein Fan von E.T. Das Sciencefictionmärchen „E.T. – der Außerirdische" erzählt die Geschichte einer Freundschaft zwischen einem kleinen Jungen und einem intelligenten, freundlichen Außerirdischen. Dieser landet auf der Erde und bringt das Leben in einer amerikanischen Kleinstadt durcheinander. Der kleine, verirrte Alien lernt das Leben auf der Erde kennen, der 10-jährige Elliott lernt, dass Freundschaft keine Grenzen kennt.

Der Blockbuster verschaffte Regisseur Steven Spielberg kommerziellen Erfolg. Er war ein Kassenschlager, der ihm den Ruf einbrachte, ein filmendes Wunderkind zu sein. Die Story wird aus der Kinderperspektive erzählt, Erwachsene sieht man häufig nur bis zur Gürtellinie. Der Film ist vollgepackt mit Spezialeffekten und gewann 1982 vier Oscars. Davon zwei für den Ton, einer für die Spezialeffekte und der letzte für den Soundtrack.

Disconächte

Wir hatten tatsächlich noch Tanzstunden, mit Abschlussball, schickem Kleid und Anstandsregeln. Wir lernten Walzer, Standardtänze und ein bisschen Lateinamerikanisches. Männlein tanzte anständig mit Weiblein und führte. Weiblein war wohlerzogen und ließ sich gerne führen. Mancher machte noch einen Aufbaukurs, vielleicht noch einen zweiten, dann war Schluss. Wir hatten die Discos für uns entdeckt und tanzten ohne Partner, ohne Regeln und manchmal ohne Taktgefühl. In der Disco stürmten zwar bei manchen Songs alle gleichzeitig auf die Tanzfläche, aber ein artiger Plausch zwischen Frau und Mann oder ein gemeinsamer Tanz fielen weitgehend aus. Entscheidender war, wie man zur Disco kam und vor allem mit wem. Wichtig war also, jemanden zu kennen, der ein Auto hatte, einen Führerschein und einen vollen Tank. Weniger wichtig war, wer wem was ausgab und wie oft. Manche Frau kokettierte zwar damit, alles geschenkt zu bekommen, Essen, Eintritt, Drinks, aber den meisten war das egal und sie zahlten selbst. Wir hatten ohnehin alle wenig Geld, hielten uns bei den Drinks zurück und mäßigten uns beim Rauchen und Essen. Am wichtigsten war, dass der Fahrer nüchtern blieb. Darauf achteten wir manchmal mehr als auf unsere eigenen Getränke. Die, die Autos hatten, dachten größtenteils nicht daran, nüchtern zu bleiben und soffen oft am meisten. Es gab daher viele Unfälle. Müde vom Tanzen und besoffen, verlor der eine oder andere die Kontrolle über seinen Wagen. Die meisten hatten Glück. Wir machten uns nicht lange Gedanken darüber, schließlich wollten wir tanzen und Spaß

*Feiern bis in den nächsten Morgen
und jeder hält durch.*

haben, wer will da grübeln. Dem Fahrer ins Gewissen zu reden, behielten wir aber bei. Niemand wollte im Rollstuhl landen oder sterben und jeder hatte schon schlimme Geschichten gehört. Leid taten uns – im Nachhinein – nur unsere Eltern, die Disconächte am liebsten verbieten wollten und nächtelang wach blieben und auf uns warteten, wenn sie uns das Ausgehen erlaubten.

Ganz entspannt im Hier und Jetzt

Wir waren die erste Generation, für die es in der Bundesrepublik nicht genug Lehrstellen gab. Das verunsicherte uns, wir fürchteten uns vor der Zukunft und suchten nach Halt. Einige interessierten sich für Politik, andere für Drogen und Dritte suchten ihr Heil bei Gurus. Viele waren bei ihrer Geburt von fortschrittlichen Eltern nicht getauft worden, andere traten nach der Konfirmation aus der Kirche aus, und manche, als sie zum ersten Mal Kirchensteuer zahlen mussten. Außerdem waren wir in einem Klima aufgewachsen, in dem es zunehmend schick war sich von Therapeuten seelisch aufbauen zu lassen, die auch bei der Bewältigung von Alltagsproblemen halfen. Überdies waren wir neugierig und offen für neue Erfahrungen.

Plötzlich fanden einige scheinbar den Schlüssel zur Seeligkeit. Sie entdeckten den Meister, Therapeuten und Ersatzgott in einer Person: „Bhagwan" (der Göttliche). Rajneesh Chandra Mohan, ein indischer Guru, hatte sich den Titel „der Göttliche" verliehen. Er wurde nach eigenen Angaben 1953 erleuchtet und zog hunderttausende amerikanischer und europäischer Sinnsucher in seinen Bann. Etliche

Bhagwan, der Trendguru.

Tausend folgten ihm in seinen 1974 gegründeten Ashram ins indische Poona. Dort verehrten die Jünger ihren Guru von Angesicht zu Angesicht, meditierten, tanzten, wurden ihr Ego, wie vom Meister befohlen, in Therapiegruppen los und befreiten sich sexuell.

Deutsche Jünger kleideten sich in leuchtendem Orange und fielen im Stadtbild bundesrepublikanischer Städte damit auf. Sie durften nach einer Einweihungszeremonie eine Holzperlenkette mit dem Bild des Meisters tragen. Wer die Kette, die Mala, endlich hatte, war darauf so stolz wie der Meister auf seine Rolls-Royce-Flotte, die er sich nach und nach zulegte. 1981 zog „der Göttliche" auf der Flucht vor Gegnern und indischen Steuerbehörden nach Oregon, USA, um dort mit seinen Anhängern Rajneeshpuram, die Stadt der neuen Menschen, aufzubauen. Viele deutsche Jünger blieben ihm dennoch treu und erwogen ebenfalls nach USA zu ziehen. Raj-neeshpuram nahm zunehmend totalitäre Züge an, die Schüler schreckte das nicht ab. Der Meister wurde 1985 aus den USA ausgewiesen, kehrte 1987 nach Poona zurück und legte 1988 den Titel „Bhagwan" ab. Nur ein Jahr später erklärte er sich zum Buddha. Bis zu seinem Aidstod 1990 ließ sich der Mann, dem Sexualität als Weg zur Erleuchtung gegolten hatte, mit der altjapanischen Ehrenbezeichnung „Osho" (ehrwürdiger Meister) anreden. Osho lehnte Werte wie Treue, Familie und Beruf als Zeichen von Unfreiheit ab. Er predigte, das schlechte Gewissen und der Begriff der Sünde seien von der Gesellschaft aufgezwungene Vorstellungen, die von seinen Jüngern abgelehnt werden müssten. Wer ernsthaft erwog sich dem Guru zu unterwerfen, brauchte einen gut gefüllten Geldbeutel und stetigen finanziellen Nachschub, um sich den teuren Meditationen und Ritualen hingeben zu können.

Endlich mobil und nicht länger Fußgänger.

Endlich erwachsen, endlich ein Auto

Wer ein eigenes Auto hatte, war definitiv erwachsen. Man musste 18 Jahre alt sein, um den Führerschein machen zu dürfen und hatte unzählige stressige Fahrstunden hinter sich gebracht und damit bewiesen, dass man der Ehre würdig war. Nur wer ein Auto hatte, war erwachsen, das war die Regel, an der niemand vorbeikonnte. Wir hatten entweder jahrelang für die Fahrstunden gespart, Zeitungen ausgetragen und Geld verdient oder wir bekamen die Stunden von Eltern, Oma oder Patentante spendiert. Wer die Prüfung bestand, war dem Erwachsensein einen großen Schritt näher gekommen. Fahren konnte man aber noch längst nicht. Wer entwürdigende Kämpfe mit seinen Eltern auszutragen hatte, deren Auto er immer öfter ausleihen wollte, tat bald alles, um einen eigenen Wagen zu haben und damit erwachsen zu sein. Das bedeutete wieder, für die Eltern arbeiten und Geld zurücklegen, auf Papis Großzügigkeit bauen oder arbeiten und Geld verdienen. Einige von uns hatten ihren Wagen bezahlt in der Garage stehen, als sie ihren Lappen bekamen. Neuwagen waren Luxus, den sich nicht einmal Lehrlinge leisten konnten, Schrottmühlen waren die Regel. Aber es gab Ausnahmen. So ließ sich die stolze Schülerin von Papi einen funkelnagelneuen Golf-GTI-Turbo-Diesel in strahlendem Weiß spendieren oder es kam der Oberschüler mit Papis Oberklasse Benz oder BMW vorgefahren. Das waren die, die Anzeige bei der Polizei erstatteten, weil der Kies und Rollsplitt auf dem Schulparkplatz beim schnittigen Einparken die Luxuskarossen zerkratzte, was man auf den Parknachbarn schob. Fußgänger wurden belächelt, wer auf sich hielt, fuhr Auto. Fahrradfahrer galten als ökologische Spinner und damit als nicht ernst zu nehmende Menschen. Wer aus Überzeugung zu Fuß ging oder Bahn fuhr, musste beweisen, dass er erwachsen war, indem er ab und zu sein eigenes Auto mitbrachte. Wer nie mit einem Auto kam, nie eines fuhr und offensichtlich keines hatte, war definitiv nicht erwachsen. Er hatte die Hürde nicht übersprungen und es nicht geschafft, erwachsen zu werden.